詳説

自治体契約
の実務 改正民法
対応版

江原 勲 著

ぎょうせい

改訂版に当たって

　本書を発刊して、9年の歳月が流れようとしている。その間、多くの皆さんからご支持を受けたことに感謝したい。

　一方、債権法を中心とする民法の改正が行われ、本年4月1日から施行された。そこで、本書も改正民法に基づいて改訂することとし、さらにその間に多くの判例が出されているので、それらをもできるだけ取り入れることでアップツーデートの内容として出版し、契約実務にまい進する自治体の皆さんの実務の助けとしたい。

　　令和2年7月

江　原　　勲

はしがき

　現在、全国の自治体は財政状況の悪化に直面し、どのような財務政策を展開するかについて、苦慮しているところである。しかし、財政状況がどのような状態であっても、インフラを中心とする公共事業は実行しなければならないし、事業の実施に伴う物品購入や業務委託も必須である。これらの事業等はいずれも契約を通じて実施される。

　そこで、現在の自治体契約には、税を投資することに見合った価値、すなわちバリューフォーマネー（VFM）が求められているといわなければならない。「安かろう、悪かろう」の契約から脱皮して、品質の保証された契約内容が実現されなければならない。そのためには総合評価方式等を取り入れた入札の実施が必要である。また、その契約過程は透明で公正でなければならないから、業者間の談合の排除、また、随意契約の方法の改善が行われなければならない。

　本書は以上のような現在の自治体が抱える契約の問題点を抽出し、その解決を図る施策を検討するとともに、そこでの徹底した手続的意味と内容を吟味することによって、初心者からベテランまで自治体契約とは何かについて「基礎から応用まで」を身につけることを目的とする。さらに、先進的自治体の事例の検討や判例を通じて、将来の自治体契約の問題にも焦点を当て、その解決を図ることを試みた。しかし、筆者の力量不足のため思わぬ理解不足や誤認があるかもしれない。この点は読者諸兄の叱責により訂正していきたい。

平成24年6月

　　　　　　　　　　　　　　　　　　　　江　原　　勲

目　　次

第5章　指名競争入札

第6章　随意契約

第7章　長期継続契約

第8章　せり売り

第9章　契約書の作成

第10章　契約の履行確保

第11章　契約代金の支払いと納付

第12章　契約の解除

第13章　工事請負契約の諸問題

第14章　行政事務の業務委託の意義

第15章　資料

第 **1** 章

契約とは何か

1　契約の意義

　契約とは、例えば、ある人がある物を売りたいといい、相手方がそれを
買いたいといって、合意した場合のように、ある人とある人との間で行わ
れる一定の法律効果の発生を意欲する当事者の意思の合致をいう。前記の
例で当事者に合意があると売買契約が成立したという。そして、当事者間
の合意ができると、その内容は契約として法律上の強制力を行使して実現
できる。

　この法律上の強制力を有するか否かで契約と単なる約束が区別される。
すなわち、広くとらえると、契約も約束の一つである。しかし、単なる約
束は必ずしも契約とはいえない。約束のうち、法律効果の発生を目的とす
るものだけが契約である。すなわち、約束のうち、裁判所において、当事
者間の合意が法律効果の発生を目的としており、当該法律効果が発生した
ということを認めることができる約束だけが契約として法的に保護される。

　現在の国民の経済生活の基本は消費生活であるから、物を買うことに
よって成立し、それらは売買契約によって行われている。そこで、私人間
の法律関係の大半は契約によって発生しているといえる。また、自治体の
支出もその多くが契約によって行われている。

2　契約の成立

(1)　契約の締結

　Aがスーパーマーケットに買物に行ったとする。そこでは値札がつけら
れた商品が陳列されている。Aは、品物と値段を比較しながら、買いたい
ものをカゴに入れて、買物が終了するとカゴをスーパーのレジ台の上に置
く。そうすると、レジ担当の店員が計算を始める。以上の一連の行為は、
スーパーでの日常の売買契約の締結に至る過程である。ここで行われてい
る一連の行為は、法的にはどのように評価されるのであろうか。

　まず、スーパーマーケットの行為は、商品に値札をつけて陳列し、お客

を待つという行為であり、その行為は、「当該商品を買ってくれ」という「申込み」としての意思表示である。お客がその商品を選んでカゴに入れてそのカゴをレジ台に置くという行為は、「この商品を買う」という「承諾」の意思表示である。この双方の意思表示の合致すなわちカゴをレジ台においたとき、売買契約が成立する。

　改正民法522条1項は、「契約は、契約の内容を示してその締結を申し入れる意思表示に対して相手方が承諾したときに成立する」と規定した。また、同条2項では、「契約の成立には、法令に特別の定めがある場合を除き、書面の作成その他の方式を具備することを要しない」としている。さらに、民法555条は「売買は、当事者の一方がある財産権を相手方に移転することを約し、相手方がこれに対してその代金を支払うことを約する」ことによって契約が成立すると規定している。すなわち、「ある商品を何円で売る、それを買う」という意思表示の一致、それだけで契約が成立する。ただし、ここでの意思表示は必ずしも口頭で表現する必要があるわけではなく、黙示の意思表示でも双方の意思が合致していると認められる状況があれば足りる。この売買のように、一方の申込みに対して、相手方が「承諾する」といえば成立する契約を諾成契約といい、民法の契約の多くは、諾成契約である。

(2)　契約の申込み

　申込みとは、相手方がその内容をそのまま受け入れる（承諾する）という意思表示をすれば確定的に契約を成立させるという意思表示である。前述の例で、スーパーで値札をつけて商品を陳列し、お客を待っていることは、売買の申込みである。

　ところで、前記スーパーマーケットの入口に、「店員募集」の張り紙があった場合、この張り紙はどのように評価すればいいのだろうか。この張り紙は、店員の採用を希望する者は、「申し込んでください」という意思表示である。このように、相手方に申込みを求める意思表示を「申込みの誘引」という。ここでは、申込みを求めているだけであるから、相手方の申込み

により、承諾するかどうかは店側の意思によって決定されることとなる。

　地方公共団体（以下、「自治体」という。）の契約では、公告という方法で申込みの誘引を行うのが原則である。その他、指名競争における指名通知、随意契約における見積書の提出依頼も申込みの誘引である。

(3)　承　諾

　承諾とは、相手方の申込みに対し、それに応じる旨の回答をすることである。申込みに対して、承諾するという応答の意思表示をすることによって契約は成立する。もちろん、承諾するかどうかは、応答者の自由である。仮に、応答者が申込みに対して、条件をつけたり、変更した応答をした場合は、当該契約に対する応答とはならず、新たな申込みとみなされる。

3　契約内容決定に対する自由と制限

　民法は、契約に関する一般法である。改正民法521条は、「何人も、法令に特別の定めがある場合を除き、契約をするかどうかを自由に決定することができる」として、「契約は原則として自由」の原則を明記した。その趣旨は、契約内容は当事者の決定が優先し、民法の契約に関する規定は任意規定であるとしたものである。

　しかし、契約の自由を貫徹してしまうと、社会的に問題がある公の秩序や善良の風俗に反する契約も適法なものとなってしまう。そこで、契約自由の例外として、民法は90条を設け、「公の秩序又は善良の風俗に反する法律行為は、無効とする」と規定した。

　ところで、地方自治法（以下、単に「自治法」という。）234条1項は、「売買、貸借、請負その他の契約は、…」と規定しているが、売買、貸借、請負契約の定義はしていない。このことから、自治法は民法の規定する契約を前提として、その特則を規定しているものと解される。このように、自治体の契約が民法の規定を前提としている以上、自治体の契約にも民法90条は適用される。ここでいう、「公の秩序」とは、刑法等の規定する犯罪行為、特定の取引を禁止する取締規定、暴利行為や不公正な取引行為等

が含まれる。また、「善良の風俗」違反として、消費者金融の利息約款のように相手方の弱みに付け込んだ契約の強制等が対象となる。また、自治体の契約が自治法や地方財政法等の規定に違反する場合は当然に無効となり、契約担当者はそのような契約を締結してはならない。

　以上のように自治体契約も民法90条に違反すれば無効となるが、判例上、自治体契約において民法90条の関係が問題なったのは次のような事件である。

(1) 公序良俗違反

> ○贈収賄を原因とする契約は民法90条により無効
>
> 　本件売払契約は、αの土地に加えてγの土地をも払い下げるという点、及びγの土地の面積だけでもδの土地に比べて極めて過大である点において、代替地の提供は従前の生活状況を復元する程度であることを原則としている市代替地対策要領12条の規定に違反しており、払下価格については、坪当たり約121万円であったものが、Aが不動産鑑定士のCに対し働き掛けて、坪当たり76万円にまで減額されたという点でも、極めて異例なことであるというべきである。また、借家人である控訴人に対して代替地を払い下げることは、禁止されているものではないとしても、公団の反対解釈を押し切ってされた点において、異例の取扱いであるということができる。そして、このような取扱いがされたのはAの尽力によるものであり、かつ、Aがそのような尽力をしたことの主な原因は、BのAに対する賄賂の交付であるものと認められる。したがって、本件売払契約は、賄賂がなければ実現しなかったものであり、本件贈収賄行為との因果関係が認められ、賄賂の交付によってその手続及び内容が著しく歪められたのであるから、公序良俗に反する場合に準じて無効と評価されるべきものである（東京高裁平成13年2月7日判決）。

　前記事件は、代替土地の売買は違法ではないが、その売買に至る経過が収賄によって発生しており、売買契約の動機に不法があり、その不法に

5

よって契約が成立しているから、民法90条の規定に準じて違法としたものである。

(2)　自治体契約と強行規定①

①　土地開発公社からの自治体の土地の取得

> 　土地開発公社が普通地方公共団体との間の委託契約に基づいて先行取得を行った土地について、当該普通地方公共団体が当該土地開発公社とその買取りのための売買契約を締結する場合において、当該契約は当然に有効となるものではなく、当該委託契約が私法上無効であるときには、当該普通地方公共団体の契約締結権者は、無効な委託契約に基づく義務の履行として買取りのための売買契約を締結してはならないという財務会計法規上の義務を負っていると解すべきであり、契約締結権者がその義務に違反して買取りのための売買契約を締結すれば、その締結は違法なものになるというべきである（最高裁（2小）平成20年1月18日判決・破棄差戻し）。

②　上記判決の差戻審の大阪高裁は、前市長に対し、ほぼ請求通り約4200万円を市へ支払うよう命じた。判決理由で「取得は不要で、価格も不当に高額だ」と指摘、前市長の指揮監督義務違反を認めたが、最高裁判決理由とは異なった（大阪高裁平成21年2月13日判決）。

③　しかし、本件事件の再上告事件で最高裁は、前記最高裁の判決を前提としながらも、本件の具体的判断として、次のように述べた。

> 　本件において、客観的にみて市が本件委託契約を解消することができる特殊な事情があったとはいえないのであるから、上告人は、市長として、有効な本件委託契約に基づく義務の履行として本件土地を買い取るほかはなかったのであり、本件土地を買い取ってはならないという財務会計法規上の義務を負っていたということはできない。したがって、本件売買契約が上告人に課されている財務会計法規上の義務に違反して違法に締結されたということはできないものと解す

るのが相当である（最高裁（1小）平成21年12月17日判決）。

④　本件下級審では、すでに前提として土地公社に対する委託契約があり、その委託契約に基づく契約の実施であったから、その後者の契約を独自の契約としてみないで、前者の契約の履行をする契約と理解して、契約締結がなされている。そのため、それぞれの契約内容が無効原因を持つかどうかの検討はしていない。それは、土地開発公社は自治体の取得する土地の先買機関として位置づけられており、土地開発公社が自治体の委託により購入した土地は、その委託内容にしたがって当然に自治体が購入するものであるとしていたからである。しかし、前記の結論は土地の価格が年の経過とともに上昇するとする前提において成り立つ論理であるし、地価の上昇に対する対策として立法された経緯がある。しかるに、土地の価格が公社の購入した時点より下落していた場合、自治体は当然に公社との委託内容に即して、売買契約をすべきであるかがここでの問題となる。仮に、土地の価格が下落しているにもかかわらず、当該土地を自治体が購入すれば、適正な時価による売買契約とはいえない。そうすると、当該売買契約が自治法及び地方財政法違反として無効になる場合もあり得る。本件の差戻審では、最高裁が示した無効事由は存在しないとしながら、他の理由から本件契約が違法であるとして、損害賠償責任を認めた。

　しかし、その後の最高裁判決は、前記のとおり「有効な本件委託契約に基づく義務の履行として本件土地を買い取るほかはなかった」として、住民の請求を棄却した。平成20年の最高裁判決が前述のように一般論として、財務会計法規に違反する場合があると判断しながら、同一事件について、本件ではそのような具体的事情はなかったと再度の最高裁で判断されており、珍しい事件となった。現実には、各土地開発公社の購入した土地の価格は時価以下となっている場合があり、委託契約に基づく売買契約を行う場合、この判決の内容にしたがった検討が必要であ

ろう。

⑤　その後、前記判決のいう特殊な事情に該当する事例として、開発公社から市が土地を買い取った売買契約に対し、本件判決を援用して無効とした判決が言い渡され、一審で確定した。判決理由の要旨は次の通りである。

　本件土地の取得の必要性は極めて低かったといわざるを得ず、その取得依頼価格も、本件土地の正常価格について誤った前提に基づいて過大に評価した鑑定評価書に依拠して価格が定められたことが明らかであり、本件土地の適正価格から著しくかい離したものであったというべきである。そして、本件委託契約は、その取得依頼価格に更に利息等を上乗せした代金額で市が本件土地を買い取ることが内容となっていたものである。そうすると、本件先行取得依頼は、地方公共団体がその事務を処理するに当たって、最少の経費で最大の効果を挙げることを定める地方自治法2条14項、その目的を達成するための必要かつ最少の限度を超えて経費を支出しないことを定める地方財政法4条1項に反し、その内容が社会通念に照らし著しく妥当性を欠くものと認められる場合に当たるから、市長が本件委託契約を締結することは、裁量権の範囲を著しく逸脱し又はこれを濫用したものとして違法となるというべきである（横浜地裁平成24年7月25日判決）。

---

⑥　時価によらずとも適法となる場合

---

　(1)　本件土地の取得価格は、本件土地の正常価格の約1.35倍であるが、そもそも当該正常価格は、本件土地を取得する目的や本件売買契約の締結に至る経緯等を考慮していないものであることが明らかである上、本件土地の取得価格と正常価格との較差（約1.35倍）自体についても、本件隣接地の取得価格と正常価格との較差（約1.27倍）と比較して、顕著な相違があるとはいえない。

　もっとも、前市長は、本件公社との間で本件土地の売買契約を締結するに当たり、その取得価格につき、本件公社が所有する保留地の簿価に基づいて算定され

た1㎡当たりの金額に本件土地の面積を乗じて決定したものであり、上記取得価格を決定するに当たり、不動産鑑定を実施したり、近隣の土地の分譲価格等と比較したりしていない点において、取引の実例価格等を必ずしも十分に考慮していない面があることは否定できない。しかし、上記取得価格を算定する際の基礎とされた上記簿価は、本件公社による本件土地を含む上記保留地の用地費（取得価格）に支払利息等（上記保留地の取得又は管理に要した経費や借入金に係る利子等）を加えたものであり、一定の算定根拠を有するものであったことに加え、その1㎡当たりの金額が、相応の合理性を有する本件隣接地取得契約における本件隣接地の1㎡当たりの価格や、これを本件売買契約の締結当時のものに引き直した価格を下回るものであったことからすると、前市長が上記簿価に基づいて本件土地の取得価格を決定したことが明らかに合理性を欠くものということはできない。

　(2)　以上によれば、本件公社との間で本件売買契約を締結した前市長の判断は、その裁量権の範囲を逸脱し又はこれを濫用するものとして違法となるということはできない（最高裁（1小）平成28年6月27日判決）。

(3)　自治体契約と強行規定②

　「法人等への財政援助制限法」による「保証の禁止」規定は、損失補償契約に適用されるか。この点について、下級審では対立があったが、最高裁は次のように判断している。

　地方公共団体が法人の事業に関して当該法人の債権者との間で締結した損失補償契約について、財政援助制限法3条の規定の類推適用によって直ちに違法、無効となる場合があると解することは、公法上の規制法規としての当該規定の性質、地方自治法等における保証と損失補償の法文上の区別を踏まえた当該規定の文言の文理、保証と損失補償を各別に規律の対象とする財政援助制限法及び地方財政法など関係法律の立法又は改正の経緯、地方自治の本旨に沿った議会による公益性の審査の意義及び性格、同条ただし書所定の総務大臣の指定の要否を含む

当該規定の適用範囲の明確性の要請等に照らすと、相当ではないというべきである。

　上記損失補償契約の適法性及び有効性は、地方自治法232条の2の規定の趣旨等に鑑み、当該契約の締結に係る公益上の必要性に関する当該地方公共団体の執行機関の判断にその裁量権の範囲の逸脱又はその濫用があったか否かによって決せられるべきものと解するのが相当である（最高裁（1小）平成23年10月27日判決）。

　最高裁は前記のように財政援助制限法の規定する「保証」と損失補償は区別されるべきで同一のものではないとした。しかし、形式的にはそうであるとしても、実質的には自治体が債務を補填することに変わりないのではないかという疑問は残る。

(4)　民法の契約に係る規定は任意規定

①　当事者の契約の優先

　当事者が契約を締結すれば、当該契約は、その内容が民法90条に違反しない限り、民法に優先して適用される。民法の規定は当事者間で契約のない部分について及ぶに過ぎない。このことから、民法は任意規定であるとか補充規定であるという。当事者の契約ですべての内容が規定されていればいいが、契約内容の規定のない部分があるとその部分は民法の契約の規定が適用される。すなわち、民法の契約の規定は、裁判のときの契約条項の存在しない部分について適用される（補充規定）。また、一般消費者のように、特に契約書を作成しない場合にも、その契約が争い（裁判）になれば、民法の規定を適用して判断される（民法は裁判法）。

②　自治体の契約

　自治体の契約には、公法上の契約といわれるものがあるが、その契約を除くと民法の規定が適用される。しかし、契約に関して、自治法・同施行令（以下、「自治令」という。）等が民法の特則として規定されており、契約に関する法律あるいは契約規定がない部分に民法が補充的に適用される。

コラム　約束と契約の違い

　日常、私たちはいろいろな約束をする。その約束とここでいう契約とは同じことなのであろうか。契約も約束の一つであり、約束も契約もそれをした以上、守らなければならない。しかし、約束を守らない場合にそれを守るように強制したり、場合によっては守らないことに対し、損害賠償を請求できるであろうか。仮に、その約束が契約であれば、それを守らない場合は、債務不履行として損害賠償を求めることができる。しかし、契約を除く約束は、当事者間の道義や友誼に違反するとしても、その違反に対し、損害賠償を求めても、未だ法的保護に値しないとして、その請求は棄却されることになるであろう。

　以上のように契約とは、約束のうち、法的保護に値するものをいう。ただし、その契約が口頭で行われたか、書面で行われたかは契約の成立には関係がないのが原則であるので注意が必要である。改正民法もそのことを明文化している（民法522条2項）。

第**2**章

自治体の契約

1　自治体の契約

　自治法234条は、（自治体は、）売買、貸借、請負その他の契約を締結するとの規定からわかるように、民法を前提としており、前記の契約について特別の位置づけを与えていない。したがって、自治体の契約は自治体が権力的な行為として実施するものではなく、あくまでも、私人と対等の地位において締結するものであることを前提としているといえる。しかし、自治体の契約も、自治体の活動として行うものであるから、法律による行政の原理に基づくことが必要であり、その内容は公共の利益に適合していなければならない。したがって、その契約は私人間の契約の場合とは異なり一定の公益上の制限と会計規律を維持するための一定の形式が必要である。

　そこで、自治法、自治令及び財務規則あるいは契約規則は、自治体の締結する契約が私法上の契約であることを原則とした上で、その特則を規定したものといえる。

　なお、財務規則及び契約規則は、自治体の内部規範であるから、契約の相手方を拘束しない。したがって、相手方を拘束するためには、当該条項の内容を契約書に記載することが必要である。

(1)　公法上の契約と私法上の契約

　自治体の締結する契約には、公法上の法律効果を発生させる公法上の契約と、私法上の法律効果を発生させる私法上の契約とがある。

　自治体の締結する契約のうち、公法上の契約は法令によりその発生、法律上の効果等が規定されているものをいう。それに対し私法上の契約は、基本的には、私人の場合と同様民法その他の私法が根拠法規であり、効力その他の契約の要素は、自治法等の規定のある場合を除き、原則として私法の適用を受ける。

　これを図示すると次のとおりである。

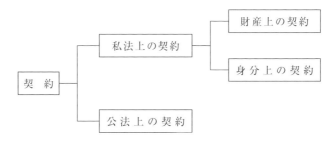

(2) **公法上の契約と私法上の契約の区別の意味**

　自治法234条以下は私法上の契約について適用されるが、公法上の契約は別途法令等に根拠を有するものである。したがって、自治法等の適用を受けず、当該根拠法令の規定に服する。

　以上のことをまとめると次のような関係になる。

　　　公法上の契約　──→　個別の根拠法がある場合だけ認められる

　　　私法上の契約　──→　民法及び特別法の適用

　　　一般の自治体の契約　──→　自治法234条以下と民法が根拠

　自治法234条以下は私法上の契約に適用されることを前提としている。

2　公法上の契約

(1) **規制行政における契約**

① 公害防止協定

　公害を防止するためには、公害防止条例を制定し、条例の遵守を求める政策を採ることも可能である。しかし、個別企業との契約によって公害防止協定を締結すると、当該企業の発生する公害の内容に即して個別的に、法的規制では難しい規制をすることができる。このことから公害防止協定が急速に広まった。

　もともと、公害防止協定は、1964年に横浜市と（株）電源開発の間で結ばれたものが有名で、その後、全国へと広がった。大企業が工場の新規立地や工場移転、施設の増設などを行うことを契機にして締結されるものがほとんどである。契約によれば、法律や条例の規制とは異なり、

地域の実情に合わせて、対象事項、対象技術などを盛り込むことが可能
である。

　なお、一般財団法人環境イノベーション情報機構のサイト（http://
www.eic.or.jp/ecoterm/?act=view&serial=773）によると、2003年 3 月
時点での、全国の公害防止協定総数は 3 万2,177件となっている。この
なかには住民が当事者となっているものが2,572件、立会人として関与
しているものが2,224件含まれている。

② 建築協定

　ある地域でどのような街づくりをするかについて建築協定を締結し
て、当該地域の街並みを統一しようとする政策が実施されている（建築
基準法69条以下）。まず、この協定を定めることができる旨の条例を制
定した上で、協定の締結が行われる。建築基準法69条は、次のように規
定している。

（建築協定の目的）

第69条　市町村は、その区域の一部について、住宅地としての環境又は商店街と
　　しての利便を高度に維持増進する等建築物の利用を増進し、かつ、土地の環境
　　を改善するために必要と認める場合においては、土地の所有者及び借地権を有
　　する者（土地区画整理法第98条第 1 項（大都市地域における住宅及び住宅地の
　　供給の促進に関する特別措置法第83条において準用する場合を含む。次条第 3
　　項、第74条の 2 第 1 項及び第 2 項並びに第75条の 2 第 1 項、第 2 項及び第 5 項
　　において同じ。）の規定により仮換地として指定された土地にあつては、当該
　　土地に対応する従前の土地の所有者及び借地権を有する者。以下「土地の所有
　　者等」と総称する。）が当該土地について一定の区域を定め、その区域内にお
　　ける建築物の敷地、位置、構造、用途、形態、意匠又は建築設備に関する基準
　　についての協定（以下「建築協定」という。）を締結することができる旨を、
　　条例で、定めることができる。

---

③ 緑地協定

　都市緑地法では、緑地の保全あるいは緑化を目的として緑地協定について規定している。都市緑地法45条は、次のように規定している。

（緑地協定の締結等）

第45条　都市計画区域又は準都市計画区域内における相当規模の一団の土地又は道路、河川等に隣接する相当の区間にわたる土地（これらの土地のうち、公共施設の用に供する土地その他の政令で定める土地を除く。）の所有者及び建築物その他の工作物の所有を目的とする地上権又は賃借権（臨時設備その他一時使用のため設定されたことが明らかなものを除く。以下「借地権等」という。）を有する者（土地区画整理法（昭和29年法律第119号）第98条第1項（大都市地域における住宅及び住宅地の供給の促進に関する特別措置法（昭和50年法律第67号）第83条において準用する場合を含む。以下この項、第49条第1項及び第2項並びに第51条第1項、第2項及び第5項において同じ。）の規定により仮換地として指定された土地にあつては、当該土地に対応する従前の土地の所有者及び借地権等を有する者。以下「土地所有者等」と総称する。）は、地域の良好な環境を確保するため、その全員の合意により、当該土地の区域における緑地の保全又は緑化に関する協定（以下「緑地協定」という。）を締結することができる。ただし、当該土地（土地区画整理法第98条第1項の規定により仮換地として指定された土地にあつては、当該土地に対応する従前の土地）の区域内に借地権等の目的となつている土地がある場合においては、当該借地権等の目的となつている土地の所有者以外の土地所有者等の全員の合意があれば足りる。

(2) 行政主体間等の契約

　行政主体間等において、当該政策実施を契約の形で規定しているものも多い。これらの契約は法律や条例がその内容を規定しており、私法上の契約とは異なる。

① 市町村相互間の児童の教育事務委託

　学校教育法40条は、次のように規定している。

第40条　市町村は、前2条の規定によることを不可能又は不適当と認めるとき
は、小学校又は義務教育学校の設置に代え、学齢児童の全部又は一部の教育事
務を、他の市町村又は前条の市町村の組合に委託することができる。

　この規定に基づいて、市町村間で教育事務の委託契約を締結し、学童
の一部が他自治体の設置する学校に通学することが可能となっている。

② 地方公共団体又はその機関の事務の他の地方公共団体に対する事務の
委託（自治法252条の14）

　前記自治体間の事務委託について、自治法252条の14は、次のように
規定している。

（事務の委託）

第252条の14　普通地方公共団体は、協議により規約を定め、普通地方公共団体
の事務の一部を、他の普通地方公共団体に委託して、当該他の普通地方公共団
体の長又は同種の委員会若しくは委員をして管理し及び執行させることがで
きる。

　この規定によって、多くの場合、災害復興に向けての公共工事等の設
計を市町村から県に委託するといったことが行われている。地域全体の
バランスの取れた復興を実現するためには有効な方法の一つである。

③ 地方公共団体相互間の道路の費用負担割合の協議

　道路法54条及び54条の2は、境界地の道路の管理に関する費用及び共
用管理施設の管理に要する費用の負担割合について、関係団体が協議し
て決定するとして、次のように規定している。

（境界地の道路の管理に関する費用）

第54条　第49条から第51条までの規定により地方公共団体の負担すべき道路の
　　管理に関する費用で地方公共団体の区域の境界に係る道路に関するものにつ
　　いては、関係道路管理者は、協議してその分担すべき金額及び分担の方法を定
　　めることができる。

（共用管理施設の管理に要する費用）

第54条の2　第49条から第51条までの規定により国又は地方公共団体の負担す
　　べき道路の管理に関する費用で共用管理施設に関するものについては、共用管
　　理施設関係道路管理者は、協議してその分担すべき金額及びその分担の方法を
　　定めることができる。

④　土地収用における起業者と土地所有者との間の協議による収用

　　本来、任意買収で解決するものである。しかし、収用申請のあったも
　のについては、当事者間で任意の協議が成立しても、その協議の確認に
　ついて単なる任意買収とせず、収用の申請をした以上収用法の効果を及
　ぼそうとしたものである。そこで、土地収用法121条は、次のように規
　定している。

（確認の効果）

第121条　第118条第5項又は第119条但書の規定による確認があつたときは、こ
　　の法律の適用については、同時に権利取得裁決と明渡裁決があつたものとみな
　　す。この場合において、起業者、土地所有者及び関係人は、協議の成立及び内
　　容を争うことができない。

3　契約の性質が公法上か私法上かの区分

⑴　委託契約

　廃棄物の処理及び清掃に関する法律6条の2第2項及び同施行令4条に

基づき市町村が一般廃棄物の収集、運搬又は処分を私人に委託する場合、その委託契約は公法上の契約であるかについては後述のように判例は分かれている。

① 公法上の契約であるとする判例

札幌高裁は、次のように判断した。

> 「法は委託基準として資格要件、能力、委託料の額、委託の限界、委託契約に定めるべき条項を詳細に定め、契約方法を裁量に委ねている」から「市町村の固有事務を私人に委託したもので、自治法234条は適用されない」（札幌高裁昭和54年11月14日判決）。

② 私法上の委託契約とする判例

前記した契約について、横浜地裁は、次のように判断した。

> 自治法234条が、地方公共団体の契約の相手方が固定され、契約内容が情実に左右されない公正な取引が害されないようにすることからすれば、廃棄物の処理及び清掃に関する法律6条の2第1項の規定に基づく委託契約にもその趣旨は当てはまり、適用を除外すべきではない（横浜地裁平成12年3月29日判決・判例タイムズ1101号112頁）。

なお、その後の東京地裁判決では、廃掃法による委託契約は準委任契約であり、自治法234条以下の予定する契約であるとした。そして、その性質上、一般競争入札には適合せず、随意契約として締結したのは、適法であるとしている（平成19年11月30日判決）。

③ 自治法234条以下が対象としている契約は、一般に自治体が私人と同一の立場において締結するもので民法の規定する売買や請負の契約をいうものとされている。そうすると、本件の委託契約もその法律上の性質は準委任契約であるから、私法上の契約というべきであろう。

(2) 学校給食の運搬委託

　学校給食は学校給食法の適用を受けるが、民間会社が給食を場所的に移動する契約について、法は特段の規定をしていないから、私法上の運送契約に過ぎないと解されている。しかし、当然に随意契約になるものではない。

　判例では、次のように述べて随意契約を肯定しているものがある。

　給食運送業務の内容は、小中学校に学校給食を運送するものであるところ、給食が食の安全を確保しつつ適切に運送されなければならないものであることは明らかであるから、単なる物品の運送業務とは異なるものというべきである。そして、給食の運送に当たっては、食の安全を考慮した運送方法が採られる必要があることからすると、受託業者には、この要請に応えられる設備を有していることが要求される。さらに、運送する対象は学校給食であるところ、学校給食は食事の提供時間が一定でなければならず、また一堂に会しての給食もまた教育の一環とみるべきことから、定時かつ同時に運送されなければならないものであり、そうすると、受託業者には、事故等の突発的な事態に対応できる人的物的設備を有していることも要求されるというべきである。これらのことに照らすと、その運送業者を選定するにあたっては、信用のおける、また上記目的に適する人的物的設備を備えた業者であるかを判断することが必要となるというべきである。

　そうであれば、競争原理に基づいて契約の相手方を決定することが必ずしも適当ではなく、契約の目的、内容に適した相手方を選定してその者との間で契約を締結するという方法をとることが、本件平成19年契約業務内容に照らしてより妥当であるとの判断は相当であるといえる（さいたま地裁平成22年1月27日判決）。

---

(3) 道路台帳作成の委託契約

　道路台帳の作成は土地測量を実施し、それに基づいて製図・製本に至るまでの道路台帳の作成を行うものであるから、その委託契約はその台帳の完成に対し報酬を支払うというものである。したがって、一般の請負契約

であり、特に、特殊な技術を必要とする特殊な契約と解する必要はない。

4　民法の契約の類型と自治体の契約

⑴　民法の規定する契約類型

　契約は自由であるから、契約の形態は無数にあるといってよい。民法は、それらの契約のうちから13の契約が典型的であるとして、それら契約内容について規定している。民法の規定する契約を分類すると、財産権の移転型の契約（移転型）、物の利用を目的とする契約（貸借型）、労務提供型の契約（労務型）、団体の形成（団体型）、その他の契約とに分類できる。

　それを一覧すると下記のようになる。

民法の規定する契約		性　質	自治体の契約等
移転型	贈与（549条〜）	片務・無償・諾成	寄　　附
	売買（555条〜）	双務・有償・諾成	用地・物品等
	交換（586条〜）	双務・有償・諾成	等価交換
貸借型	消費貸借（587〜）		自治体の貸付
	利息付	片務・有償・要物	
	無利息	片務・無償・要物	
	使用貸借（593〜）	片務・無償・要物	
	賃貸借　　（601〜）	双務・有償・諾成	公営住宅の賃貸
労務型	雇用（623条〜）	双務・有償・諾成	労働契約
	請負（632条〜）	双務・有償・諾成	建設工事契約
	委任（643条〜）		訴訟委任
	有償	双務・有償・諾成	医療契約（準委任）
	無償	双務・無償・諾成	
団体型	組合（657条〜）	双務・有償・諾成	（業務提携契約）
その他	寄託（657条〜）		
	有償	双務・有償・要物	（預金契約）
	無償	双務・無償・要物	
	終身定期金		
	有償	双務・有償・諾成	年金契約
	無償	双務・無償・諾成	
	和解（695条〜）	双務・有償・諾成	示談契約

(2)　契約の性質

①　双務契約と片務契約

　　財産権移転型として、贈与、売買、交換の各契約がある。そのうち、贈与契約は、一方の当事者のみが財産権の移転義務を負うだけである。このような一方だけが負担を負う契約を片務契約と呼ぶ。これに対して、売買及び交換契約は、それぞれ金銭と財産権、あるいは財産権と財産権というように、双方に財産権の移転という義務が存在する。このように双方に財産権の移転の義務が存在する契約を双務契約という。片務契約と双務契約とでは、履行における公平性や履行の担保等で差異が生じる。

②　有償契約と無償契約

　　契約とは、相手方に対して何らかの行為を求める約束である。その行為を求めるために対価を必要とするものを有償契約、無償でいいものを無償契約という。有償契約の場合は、契約当事者がそれぞれ対価を支払っていることから生じる双方の公平性が求められる。要するに、対価に対応する履行がされているかどうかである。

③　諾成契約と要物契約

　　契約の効力が生じるために当事者の合意のみで足りる契約を諾成契約といい、当事者の合意の他に金銭その他の物の引渡しが必要である契約を要物契約という。民法は、諾成契約を原則としているが（522条）、消費貸借や使用貸借は、要物契約としている。

(3)　自治体の契約

　　自治法234条は、「売買、貸借、請負その他の契約は…」と規定しており、特に、売買、請負等の契約について定義づけをしていないから、それらの定義は、一般法である民法の規定によるものと解されている。また、前述したように公法上の契約以外は、特別の規定がないかぎり、民法が適用されるものと解されている。

　　民法は13の典型的な契約を掲げるが、現実の契約は契約自由の原則に基

づいて無数のものが存在する。しかし、当該契約に具体的な条項がない部分は民法の契約に関する規定が適用される。自治体の契約も前記(1)の表で示したように、民法と同一の内容を有するものと、内容は同一ながら言葉の異なるもの（贈与と寄付・補助金の交付）や、当初は契約ではなく行政行為（入居許可）として構成しながら、実質は賃貸借契約であるもの（公営住宅の使用関係）等が存するので、それぞれの契約の特質に応じて、その適用を検討することが必要である。

第**3**章

自治体における
契約の締結

1　自治体の契約の方式

　自治体の契約の方式とは、自治体がどのような手段によって契約の相手方を決定するかという自治法上の概念である。自治法の規定によれば、自治体が締結する契約は、一般競争入札に付することを原則とし、政令で定める一定の場合に指名競争入札、随意契約又はせり売りによることができることとなっている（自治法234条）。

(1)　一般競争入札

　一般競争入札とは、公告によって不特定多数の者を募集し、入札によって申込みを競争させるもので、その申込者のうちから、自治体に最も有利な条件を提示した者（総合評価方式もある）を選定し、その者と契約を締結するものである。自治法は機会均等、公正性、経済性の原則から、自治体の契約の方式は、一般競争入札を原則とし、例外として、指名競争入札、随意契約、せり売りの契約方式を規定した。

(2)　要式契約

　自治法は、自治体の契約について契約書の作成を義務づけてはいない。しかし、すべての自治体の財務規則ないし契約規則は、一定金額等以上の契約について、契約書の作成を義務づけている。契約は公金の支出等を伴うものであるから、その内容を明確にしておく必要がある。したがって、契約書の作成を規則で義務づけているのは当然である。そして、契約書の作成が義務づけられている契約については、自治法は、民法の原則である諾成契約とは異なり、契約書の作成による契約が確定すると規定し、その場合には当事者双方の記名押印の形式が必要であるとしている（自治法234条5項）。このように契約書の作成が要求されている自治体の契約はその形式が決まっているから、要式契約である。なお、財務規則等により契約書の作成が不要とされている契約は、民法の原則に戻って諾成契約である。

⑶　契約の確定

　自治法234条5項は、以下のように規定している。

（契約の締結）

第234条

5　普通地方公共団体が契約につき契約書又は契約内容を記録した電磁的記録
　を作成する場合においては、当該普通地方公共団体の長又はその委任を受けた
　者が契約の相手方とともに、契約書に記名押印し、又は契約内容を記録した電
　磁的記録に当該普通地方公共団体の長若しくはその委任を受けた者及び契約
　の相手方の作成に係るものであることを示すために講ずる措置であって、当該
　電磁的記録が改変されているかどうかを確認することができる等これらの者
　の作成に係るものであることを確実に示すことができるものとして総務省令
　で定めるものを講じなければ、当該契約は、確定しないものとする。

　そこで、自治体が契約書等を作成する場合は、当該普通地方公共団体の
長若しくはその委任を受けた者が契約の相手方とともに、契約書に記名押
印したときに契約は確定するとした。契約の確定という概念は民法上存在
しないものであり、また確定方法の形式として、双方当事者の記名押印と
いう形式を採用した。したがって、この形式を具備しない契約書、念書、
請書等は、自治体の契約書としては認められない（参照、長野地裁平成元
年11月2日判決）。

2　自治体の契約事務の流れ

⑴　議会の議決を要する一般競争入札の場合の契約事務の流れ

　自治体の契約手続の流れを図示してみると、次のとおりである。

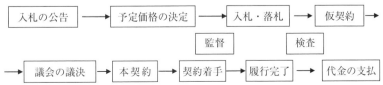

　なお、議会の議決が不要な契約は、入札後落札者が決定したら、できる
だけ早く当該落札者との契約書によって契約を締結する。

(2)　指名競争入札の手続

　指名競争入札によるときは、前記図示の「入札の公告」に代わって「指
名競争入札の参加者の指名」等の通知をして入札参加者を決定するが、そ
の余の手続は、一般競争入札の場合と同一である。

(3)　随意契約の手続

　前記図示の「入札・落札」までの手続が省略され、多くの場合は入札に
代わって「見積書による見積合わせ」が行われ、その後の手続は上記と同
一である。

3　契約と議会の議決

(1)　議会関与の趣旨

　本来、契約の締結は長の予算執行権の行使の一つであるから、長の裁量
行為であるはずである。ところが、自治法96条1項5号は「その種類及び
金額について政令で定める基準に従い条例で定める契約を締結すること」
については、議会の議決によるものとして、政令等で定める種類及び金額
の契約の締結は、議会の議決が要件であるとしている。この規定は、長の
予算執行権について自治法が一定の制限を加えたものといえる。そこで
は、財政民主主義を徹底するものであるとの法の趣旨が読み取れる。

　判例は、この自治法の趣旨について次のように述べている。

> 　自治法96条1項5号は『その種類及び金額について政令で定める基準に従い条
> 例で定める契約を締結すること』については、長ではなく、議会の議決によるも
> のとしている。その趣旨は、政令等で定める種類及び金額の契約を締結すること
> は普通地方公共団体にとって重要な経済行為に当たるものであるから、これに関
> しては住民の利益を保障するとともに、これらの事務の処理が住民の代表の意思
> に基づいて適正に行われることを期することにあるものと解される（最高裁（3

小）平成16年6月1日判決）。

　なお、議会の議決は長に契約締結権を与えるものであって、議会の議決があれば当該契約が適法になるものではない。

(2)　議会関与の基準（政令及び条例）

　自治令は、標記の契約の予定価格が次の表の額を超える契約について議会の議決が必要であるとしている。

①　工事又は製造の基準（自治法96条1項5号、自治令121条の2）

工事又は製造の請負	都道府県	500,000千円
	指定都市	300,000千円
	指定都市以外の市	150,000千円
	町村	50,000千円

②　売買及び信託契約の基準（自治法96条1項8号、自治令121条の2）

不動産若しくは、動産の買入れ若しくは売払い（土地については、その面積が都道府県にあっては1件2万㎡以上、指定都市にあっては1件1万㎡以上、その他市町村にあっては、1件5,000㎡以上のものに係るものに限る。）又は、不動産の信託の受益権の買入れ若しくは売払い	都道府県	70,000千円
	指定都市	40,000千円
	市	20,000千円
	町村	7,000千円

　なお、当初の予定価格が前記表の価格以下であって議会の議決が不要であっても、その後契約金額を増額変更した場合に、変更前の契約額と予定増額額の合算額が前記価格を上回る場合は、その時点で変更契約に対する金額の議会の議決が必要である。しかし、議会の議決を得た契約の価格をその後、議会の議決要件である価格より減額した場合は、議会の議決は要しない。

③　財産の交換等、信託、財産の取得又は処分

　自治法96条1項6号以下は、議会の議決の必要な契約について、前記

の場合を除き次のように規定している。

---

(6)　条例で定める場合を除くほか、財産を交換し、出資の目的とし、若しくは支払手段として使用し、又は適正な対価なくしてこれを譲渡し、若しくは貸し付けること。

(7)　不動産を信託すること。

(8)　前2号に定めるものを除くほか、その種類及び金額について政令で定める基準に従い条例で定める財産の取得又は処分をすること。

(9)　負担付きの寄附又は贈与を受けること。

---

④　信託契約

ア　青野運動公苑の土地信託事業

　昭和62年に兵庫県と信託銀行で土地信託契約を締結し、青野運動公苑について、ゴルフ場等の経営を行うこととして、信託銀行が運営をしてきた。平成18年から運動公苑に要した費用について、県が経営不振で調達できないので信託銀行自身が調達した。信託銀行は、前記金銭の返還を県に要求したが、県は拒否したため、その返還を求めて訴えを提起した。

　最高裁は、「公有地に係る土地信託契約において、受益者に対する費用補償請求権を定めた旧信託法（平成18年法律第109号による改正前のもの）36条2項本文の適用を排除する旨の合意が成立していたとはいえないとして、県は信託銀行に対し、105億4,070万円を支払え」とした（最高裁（1小）平成23年11月17日判決）。

イ　弁天町駅前開発土地信託事業（オーク200）に係る訴訟の和解勧告について

　弁天町駅前開発土地信託事業（オーク200）に関する大阪市と株式会社りそな銀行、三井住友信託銀行株式会社、三菱UFJ信託銀行株式会社との訴訟について、平成26年7月15日、大阪高等裁判所において、「銀行側の立替金637億円を和解金として大阪市が銀行側に支払う。」という

和解勧告があった。

ウ　土地信託事業「オスカードリーム」

　土地信託事業「オスカードリーム」は大阪市交通局がバス車庫跡地の開発に土地信託を活用し、大規模商業施設を建設。その事業収益から30年計画で配当を受け取る予定であったが、バブル崩壊の煽りを受け、95年の開業以降赤字が続き、一度も配当はなかった。

　大阪市は、「オスカードリーム」に関する訴訟で、土地信託を受託していたみずほ信託銀行と和解し、受託元本相当額の約283億円をみずほ信託に支払うことで合意した。

　以上のとおり昭和61年の改正自治法の適用は、大きな失敗に終わった。現在また、不動産等の信託が勧められているが、十分に内容を検討すべきであろう。

⑤　自治法237条2項

　自治法237条2項は、次のように規定している。

　第238条の4第1項の規定の適用がある場合を除き、普通地方公共団体の財産は、条例又は議会の議決による場合でなければ、これを交換し、出資の目的とし、若しくは支払手段として使用し、又は適正な対価なくしてこれを譲渡し、若しくは貸し付けてはならない。

　その趣旨は、前記96条の趣旨と同一である。この場合の議会の議決について、その議決があったといえるかについて判断した次の判例がある。

　自治法237条2項の議会の議決があったというためには、当該譲渡等が適正な対価によらないものであることを前提として審議がされた上当該譲渡等を行うことを認める趣旨の議決がされたことを要する（最高裁（1小）平成17年11月17日判決）。

　本件は、形式的に賛成多数と判断したとしてもその前提として、当該
議決案件が「適正な対価で譲渡されるものではない」との提案と説明が
なされて、その議決が可決されたものでないと議会の議決があったとい
うことはできないと判断した判決である。

　その後の、普通地方公共団体の財産である土地の譲渡が適正な対価に
よるものであるとして議会に提出された議案を可決する議決をもって地
方自治法237条2項の議会の議決があったとされた判例がある（最高裁
（3小）平成30年11月6日判決）。

(3)　仮契約

　仮契約とは、自治体が締結する契約のうち議会の議決を要する契約につ
いて、議会の議決を得たときに特定の契約（本契約）を締結する旨の契約
をいう。仮契約の法律上の性格は予約であると解されている。仮契約を締
結した契約について、本契約を締結するためには、議会の議決を必要とす
る。この議会の議決は、本来本契約を締結してよいかどうかという賛否の
意思表示であって、既に締結し、成立した契約に対して議会が単に承認を
与えることではないと解されている。通常、自治体が当事者である契約の
締結は、自治体の長限りでなし得るものであるが、政令あるいは条例で定
める重要な契約については、個々の契約ごとに議会の議決を必要とする。
その場合、議会に当該議案を提案するには、契約の相手方及び契約内容を
特定しなければならないから、執行機関においてあらかじめ相手方と仮契
約を締結する必要がある。

　なお、仮契約書の内容に、当該仮契約を議会の議決を停止条件として、
当該仮契約書を本契約書とする旨の条項を規定しているものもある。本
来、予約契約と本契約の二度の手続を一度に省略したもので簡易型と呼ぶ
べきものであるが（例、甲府市財務規則等）、この方式も適法である。

(4)　議会の議決

　議会の議決の必要な契約は議会が議決しない限り、当該契約を締結する
ことができない。そこで、議会の議決を回避するために、工事区間を分割

して、予定価格が政令の規定する価格を下回るようにして、議決を要しないとした契約の違法性が問題となった事例がある。

　すなわち、自治体の長が自治法96条1項5号に規定する議会の議決が得られなかった1個の工事請負契約を議会の議決を要しない規模の3個の工事請負契約に分割して締結した。このことについて、最高裁は、次のように述べて原審判決を破棄し、差し戻している。

　記録によっても、本件工事の実施場所もこれをどのように三つの工区に分割することにしたのかも判然としない上、原審が挙げる上記諸事情の中には、本件工事が複数の工区に分割して契約するのに適したものかどうか、町が国等に対して本件工事に係る補助金の繰越し等についてどのような折衝をしたか、工区の分割によりどの程度工期が短縮されるかなど、上記諸事情の基礎となる事実関係について具体的な認定を伴わないものがあり、原審が上記の観点から検討を尽くしているものとはいい難い。そうすると、原審の上記判断には、審理不尽の結果、判決に影響を及ぼすことが明らかな法令の違反があるというべきである。論旨は、この趣旨をいうものとして理由がある（最高裁（3小）平成16年6月1日判決）。

　なお、本件差戻審は、次のとおり判断した。

　地方公共団体の長が地方自治法96条1項5号に規定する議会の議決が得られなかった1個の工事請負契約を議会の議決を要しない規模の3個の工事請負契約に分割して締結したことについて、分割して工事を実施する高度の必要性があり、その実施に不可欠で既に交付決定を受けていた補助金を利用するためには工事に係る請負契約を締結して工事を年度内に完了させるほかなく、工期の短縮等の手段として工区を3つに分割することが工事の内容、性質、実施場所等に照らして合理的であったなどの特段の理由がないとして、前条同号を潜脱する目的で行った違法なものである（仙台高裁平成16年12月22日判決）。

　判決を待つまでもなく、長が議会の議決を潜脱するためにことさらに、工事区間の分割を行うことは当然に違法といわなければならない。

(5)　議会の議決を得ない契約の効力

　議会の議決の必要な契約に該当しながら議会の議決が欠けているものについては、これを当初から無効とする考え方と、追認議決による治癒が可能であるとする考え方がある。判例は、従来から後者の立場を採り、追認議決があった場合には、事前に議決があった場合と同一の効力を生ずるものとしている（大分地裁昭和37年12月15日判決・行裁例集13巻12号2169頁、大阪高裁昭和53年10月27日判決・判タ377号127頁）。

　「議会の議決を求めるためには、契約の内容は特定しておかねばならないから、執行機関は相手方との間であらかじめ仮契約という形で契約の合意内容を確定して付議しなければならない。法が契約の例外としての議決主義を規定した趣旨は、公有財産の処分等地方公共団体の財産に重要な影響を及ぼす一定の契約行為について、「普通地方公共団体の長の単独専行に委ねず、条例制定権、議決権を有する議会による抑制を加えることにより、当該普通地方公共団体における地方財政の民主的かつ健全な運営を図る」こと」（東京高裁昭和53年11月16日判決）、そして「その趣旨は、政令等で定める種類及び金額の契約を締結することは普通地方公共団体にとって重要な経済行為に当たるものであるから、これに関しては住民の利益を保障するとともにこれらの事務の処理が住民の代表の意思に基づいて適正に行われることを期することにあるものと解される」（最高裁平成16年6月1日判決）という判決を踏まえれば、議会の議決のない契約は無効である。

　したがって、議会の議決を要する契約を長限りで締結した場合、当該契約は無効である。ただし、事情によっては、無効の契約を締結したことについて、相手方から法人の不法行為として、損害賠償を求められる場合がある。

4　自治体の契約の締結機関

⑴　自治体の長及び地方公営企業管理者

地方公共団体は法人であるから（自治法2条1項）その代表機関である長（自治法147条）や地方公営企業の管理者（地方公営企業法8条、13条）は、法人の代表機関として当然契約締結機関となる。その他、長の法定代理人、権限の受任者（自治法153条）等によって、契約が締結できる。

① 双方代理の適用はあるか

自治体の長が他の法人の代表者をも兼務した場合、民法108条が適用ないし、類推適用されるであろうか。

普通地方公共団体の長が当該普通地方公共団体を代表して行う契約締結行為であっても、長が相手方を代表又は代理することにより、私人間における双方代理行為等による契約と同様に、当該普通地方公共団体の利益が害されるおそれがある場合がある。そうすると、普通地方公共団体の長が当該普通地方公共団体を代表して行う契約の締結には、民法108条が類推適用されると解するのが相当である。そして、普通地方公共団体の長が当該普通地方公共団体を代表するとともに相手方を代理ないし代表して契約を締結した場合であっても同法116条が類推適用され、議会が長による上記双方代理行為を追認したときには、同条の類推適用により、議会の意思に沿って本人である普通地方公共団体に法律効果が帰属するものと解するのが相当である（最高裁（3小）平成16年7月13日判決）。

ア　本件判決当時の民法108条は、次のように規定していた。

第108条　同一の法律行為については、相手方の代理人となり、又は当事者双方の代理人となることはできない。ただし、債務の履行及び本人があらかじめ許諾した行為については、この限りでない。

　　なお、改正民法108条は、次のように規定して、双方代理の効果をより明確に規定したので、この判決は改正民法の下ではより一層有効なものである。

第108条　同一の法律行為について、相手方の代理人として、又は当事者双方の代理人としてした行為は、代理権を有しない者がした行為とみなす。ただし、債務の履行及び本人があらかじめ許諾した行為については、この限りでない。

2　前項本文に規定するもののほか、代理人と本人との利益が相反する行為については、代理権を有しない者がした行為とみなす。ただし、本人があらかじめ許諾した行為については、この限りでない。

　イ　前記民法の規定は、代理に関する規定であるから、代表である自治体の長に当然に適用されることにはならない。そこで、代理と代表を比較してみると、他人に代わって契約を行うものである点では共通している。しかし、代理は個別に当該契約の締結等の委任を受けたものであり、代表は包括的に機関としての行為を行うことの委任を受けたものである。そうすると、当該代理行為を行うのに個別委任か包括委任かが異なるものの、本人との関係で双方代理になる点は同一といえる。

　　そうすると、本人の保護の点から、代表にも民法108条が類推適用されるとする前記判決が相当であろう。

　ウ　前記最高裁で問題となった事案は、当該契約の締結について議会の議決を得ていた事案であったことから、双方代理の類推適用が議会の議決によって追認されたと判断された。

　　しかし、多くの実務での契約は議会の議決を得るべき事案は少数である。そうすると、長が他の法人の代表者を兼務して契約する場合、双方代理の規定が類推適用されるので当該契約は無効となってしまう。そこで、このような場合には、自治体としては、相手方法人に利

益相反行為に該当しない代表者の選任を求め、当該選任された代表者との間で、契約を締結すべきである。

② 表見代理の適用はあるか

代理人が代理権を有していないにもかかわらず、外形的にはあたかも代理権を有しているかのように見える場合を表見代理という。表見代理は無権代理の一種であるが、民法の規定する表見代理の要件に該当する場合は、そのような表見代理人との契約を有効とするものである。取引の安全を保護したいとする法政策である。

判例では、村長が議会の承認を得て、金融機関から50万円の借り入れを自己の名義でした場合、村の現金の出納事務は収入役の専属に属し、村長に権限がないことは法令上明らかであることから、代理権があると信じたことに正当事由があるとはいえないから民法110条の適用はないとしたものがある（最高裁昭和34年7月14日判決）。

この判決は、自治法上、長の権限の範囲は決まっており、一般法人の代表の場合の包括的代表とは異なるから、表見代理の成立を否定したものである。

(2) **職務代理者**

自治法152条1項は、自治体の職務代理者について次のように規定する。

> 第152条　普通地方公共団体の長に事故があるとき、又は長が欠けたときは、副知事又は副市町村長がその職務を代理する。この場合において副知事又は副市町村長が二人以上あるときは、あらかじめ当該普通地方公共団体の長が定めた順序、又はその定めがないときは席次の上下により、席次の上下が明らかでないときは年齢の多少により、年齢が同じであるときはくじにより定めた順序で、その職務を代理する。

また、同条2項は、次のように規定している。

2　副知事若しくは副市町村長にも事故があるとき若しくは副知事若しくは副市町村長も欠けたとき又は副知事若しくは副市町村長を置かない普通地方公共団体において当該普通地方公共団体の長に事故があるとき若しくは当該普通地方公共団体の長が欠けたときは、その補助機関である職員のうちから当該普通地方公共団体の長の指定する職員がその職務を代理する。

　すなわち、前記条文は、長に事故のある場合や長が欠けた場合には、副知事又は副市町村長等が長の職務を代理すると規定したものである。これは法定代理であるから、法の規定する要件が発生した場合は、長の権限は当然に副知事等が行使することを定めたものである。

　そこで、この事態が発生している場合の契約の締結もその締結権は、長の職務代理者が有することになる。この場合、長の名前では契約はできない。そこでは、契約締結権者は○○市職務代理者副市長○○であり、職務代理者公印が押印されることが必要である。

コラム　**職務代理者**

　自治法152条は、長の法定代理を規定するものである。法定代理とは当該法律要件が充足すると当然にその地位に就くものである。仮に、市長が長期出張により留守になるといった場合、152条の要件を充足するので当然、副市長が市長の職務代理者となる。一般には、庁内で何月何日から何日まで副市長Ａが職務代理者となった旨通知される。そうすると、契約担当者はその期間は、契約書の代表者を職務代理者副市長Ａとしなければならないし、公印も職務代理者公印を使用することが必要である。市長はすぐに帰ってくるのであるから、市長名のままにしておこうとか、契約書が市長名で印刷してあるのでそれを使用しようということはしてはならない。それは、副市長が市長の法定代理人であり、その法定代理人就任期間中は市長にはその職務を行う権限がないからである。仮に、この期間内に市長名で契約が締結されても、当該契約書は無効となる。なお、前記双方代理のケースでは、長に事故がある場合でも欠けた場合でもないから、長に代わって職務代理者が行為することはできないし、仮にそのようにしたとしたら、職務代理者は長の代理人であるから、この場合も双方代理になる。

(3)　権限の受任者

　自治法153条は、「普通地方公共団体の長は、その権限に属する事務の一部をその補助機関である職員に委任」することができると規定している。長が任意に受任者を選任するので任意代理である。権限の委任があった場合は、当該委任事項に係る契約の締結は、受任者である職員がその職務名及び職員名で行うこととなる。この場合、長は権限の委任をしたのであるから、当該権限を直接に行使することはできない。

　なお、長の権限は法令で決められているので、どのような権限を委任したかについて、相手方を保護するために規則によって明らかにしておくことが望ましい。現に、多くの自治体では、規則で長の権限を委任している。

(4)　専決・代決

　自治体の契約事務において、権限の委任と似て非なるものに、「専決・代決」という制度がある。これは、長の決裁権限を内部的に委任するもので、その内容の重要度に応じて、権限の受任者が決定し、当該受任者の決裁により当該契約の締結が可能になるものである。これは、前述したように決裁権限の委任であるので内部委任という。すなわち、専決・代決はあくまでも内部での決裁権限を与えたものに過ぎない。したがって、外部的には長が契約締結機関であることに変わりはないから、契約書には長の記名、押印を行う。この点で、前記権限の委任の場合とは、形式的にも異なる。

(5)　資金前渡受職員

　資金前渡受職員とは、自治令161条に基づいて、現金支給の現金を前渡された者である。これらの者は、本来的には自治体の契約締結権を有する者ではない。しかし、資金前渡をうけて当該契約を締結する範囲において、契約締結権者となる。例えば、出張に行くため、資金前渡で旅費を受領すれば、その者が切符等を購入する。この場合の契約は、資金前渡受者の個人契約となる。

(6)　権限のない職員の締結した契約の効力

　契約締結権限を有しない者が締結した契約は無効である。一定額以上の契約は契約書の作成が義務づけられている場合が多いので、契約書により締結権限を有する者が記名しているかどうかは確認できる。

　しかし、契約の相手方は、必ずしも自治体の契約権限について、承知しているとは限らないから、場合によっては表見代理の成立が問題となることが想定される。

5　自治体の契約締結の相手方

⑴　契約当事者─権利能力者

　契約は、契約当事者間に権利義務の関係を発生させるものであるから、当事者が権利義務の帰属主体であること、その当事者が契約意思を合致させるだけの能力があることが必要である。民法では、この権利義務の主体となる地位を権利能力と呼んでおり、契約を締結するためには、契約当事者が権利能力を有することが必要である。

　民法は、権利能力者として、自然人と法人を規定している。さらに、権利能力は有さないが社会的な人の集団ないし財産の集合体で、一定の要件を有するものを人格なき社団ないし人格なき財団と称して、権利能力を有する者と同様に扱う場合がある。

　権利能力を有する者は、契約の主体になることはできるが、当然に契約締結が可能であるわけではない。例えば、乳幼児は自ら意思表示をして契約を締結するということは、不可能である。そこで、このように契約締結についての十分な能力を有しない自然人を民法は、一括して制限能力者として位置づけ、その制限能力者の契約行為等を本人に代わって実行する者を法定代理人としてその資格を規定している。そこで、契約当事者としては、契約の相手方が制限能力者である場合は、民法の規定する法定代理人とあるいは民法の予定する方法によって契約を締結することとなる。

　また、法人あるいは人格なき社団、財団とは、法律で規定され、又はそれぞれ総会等で選任された代表者との間で契約を締結することとなる。

⑵　意思無能力者（民法３条の２）

　改正民法３条の２は、認知症等になって実質的には意思能力がない者は、その者のする法律行為を無効とすると規定した。したがって、成人であって、意思能力が存在しない場合には、当該契約は無効となる。委任状が添付されている場合にも、本人の意思能力の存否について確認する必要がある。

(3)　制限能力者

①　未成年者の契約

　　未成年者が契約行為を行うためには、その法定代理人の同意を得なければならない。同意を得ないでした契約は、取り消すことができる（民法 5 条）。したがって、自治体としては、未成年者の単独でした契約は取消事由となるので、法定代理人の同意を得ていない未成年者との契約は行わない。ただし、営業を許された未成年者は、その営業に関しては、成年者と同一の行為能力を有するので、その場合は、登記簿で確認して未成年者と単独で契約できる。さらに、未成年者も婚姻すると成年が擬制されるので、単独で契約することができる（ただし、令和 4 年 4 月 1 日から成年擬制は廃止）。

②　成年被後見人の契約

　　成年被後見人のした契約は、日用品の購入その他日常生活に関する行為を除いては取り消すことができる。したがって、成年被後見人との契約は法定代理人との間で行う。

　　また、成年被後見人は、自治令167条の 4 により入札の資格がない。

③　被保佐人

　　被保佐人が民法13条に規定する契約を行う場合は、保佐人の同意を得なければならない。したがって、被保佐人とは、保佐人の同意を得て契約する。

④　被補助人

　　被補助人の補助の範囲は家庭裁判所が決定するので、後見登記簿の記載により、その範囲を確定した上で、契約形式を選択しなければならない。

⑤　以上のことから、制限能力者の範囲等について一覧すると次のとおりである。

制限能力者	未成年者	成年被後見人	被保佐人	被補助人
法定代理人	親権者・後見人	後見人	保佐人	補助者
要件	満18歳に満たない者	精神上の障害により正常な判断能力を欠く常況にある者	精神上の障害により正常な判断能力が著しく不十分な者	精神上の障害により判断能力が不十分な者
能力の程度	法定代理人の同意があれば有効に行為できる。又、あらかじめ法定代理人が許した場合も同様である。成年擬制がある。	日常生活に関する行為（日用品の購入など）を除くと、単独で完全に有効になしうる行為はない。	被保佐人が一定の重要な行為（元本の領収と利用、借財又は保証、不動産その他重要な財産に関する権利の得喪を目的とする）の同意	被補助人が裁判所の決定した事項について同意
代理人の権限	同意のない行為の取消権	常に成年後見人が成年被後見人の代理人 成年被後見人の行為の取消権	被保佐人による同意なき行為の取消権	同意しない行為の取消権

⑥　任意後見制度

　　自己の判断能力がしっかりしているうちに、その判断能力が不十分となるときに備えて、あらかじめ、後見人を選任しておくことができる制度が創設された（任意後見契約に関する法律）。これを任意後見制度という。

　　任意後見制度の利用者で後見が開始している場合は、後見人との契約になるので登記簿を確認することが必要である。

⑷　**法　人**

　　法人は、原則として、その代表機関が契約締結権者である。しかし、法律により他の者が代表となる場合がある。

①　国

　　　会計法10条は、「各省各庁の長は、その所掌に係る支出負担行為（財政法第34条の２第１項に規定する支出負担行為をいう）及び支出に関す

る事務を管理する」と規定し、同法13条 1 項は、「各省各庁の長は、当
該各省各庁所属の職員に、その所掌に係る支出負担行為に関する事務を
委任することができる」と規定している。

　また、同法13条 3 項は、「各省各庁の長は、必要があるときは、政令
の定めるところにより、当該各省各庁所属の職員又は他の各省各庁所属
の職員に、支出負担行為担当官（各省各庁の長又は第一項若しくは前項
の規定により委任された職員をいう。以下同じ。）の事務の一部を分掌
させることができる」と規定している。したがって、国との契約の多く
は、その契約締結者である支出負担行為官が代表する契約となる。

②　非営利法人

　一般社団法人及び一般財団法人に関する法律（平成18年法律48号、以
下、「一般社団・財団法人法」という。）の施行により、非営利法人の設
立は、公証人による定款の認証を受けて登記すれば、前記に基づく一般
社団法人又は一般財団法人として法人格を取得できることとなった。従
来の社団法人・財団法人（旧民法53条、54条）は、一般社団法人又は一
般財団法人へ、あるいは公益社団法人又は公益財団法人へ移行すること
になった。

　また、「公益法人」としての認定は、従来の社団法人・財団法人と異
なり、公益社団法人及び公益財団法人の認定等に関する法律（平成18年
法律49号、以下、「公益法人認定法」という。）の手続を経て認定される
こととなった。

　新法は、平成20年12月 1 日から施行された。これにより従来の民法上
の社団法人、財団法人は、平成25年11月までに、一般社団法人あるいは
公益社団法人等に移行するか、解散することとなった。

③　営利法人

　営利法人は、会社法の制定により統一された。なお、有限会社は、新
規の設立は認められないが、会社が存続する限り、その存在が認められ
ている。

　各会社の契約機関である代表者の規定は次のようになっている。

ア　株式会社…会社法349条：取締役ないし代表取締役

イ　特例有限会社…原則として、取締役・例外として、代表取締役

　（会社法の施行に伴う関係法律の整備に関する法律2条、3条）

ウ　合名会社…会社法599条：社員又は定款による業務執行社員 ⎫

エ　合資会社…会社法599条：業務執行社員　　　　　　　　　　⎬ 持分会社

オ　合同会社…会社法599条：業務執行社員 ⎭

カ　支配人　…会社法11条

　なお、支配人制度（商法21条）を採用している会社の場合は、支配人が契約締結機関となることができる。

④　宗教法人・学校法人等

　各種の法人は、財産の処分等に関し、当該法律に別途規定がある場合があるので、契約締結時に各法人に関する法律で確認することが必要である。

　例えば、宗教法人からその所有土地の買収をする場合に、土地売買契約を締結するためには、宗教法人法23条により、「その行為の少なくとも1月前に、信者その他の利害関係人に対し、その行為の要旨を示してその旨を公告しなければならない」ので、その手続の有無を確認することが必要である。

コラム　町内会等との契約

　本文で述べたように契約の締結者になれるのは権利能力者だけであるので、人格を取得していない団体は、契約の締結者とはなれないのが原則である。しかし、実態的には法人格を有する団体と同様の団体でありながら、法人格を取得してないが故だけに契約の締結を否定するのは、社会経済的に見て損失である。そこで、一定の要件を有する団体を人格なき社団あるいは財団として、法人格を有する社団等と同一に扱う場合がある。現実に自治体契約では、ジョイントベンチャー方式による工事請負契約等の実現、町内会等の地区の団体やボランティアの団体との契約を締結したい等の場合が生じる。その場合、当該団体から、規約、代表者を選任した総会の議事録、決算書を提出してもらい、人格なき社団であることを確認して、当該団体名・代表者名で当該団体と契約を締結することが可能である。

第 **4** 章

一般競争入札

1　入札の意義及び性質

　競争入札とは、契約の締結について多数人を競争させ、そのうち最も有利な内容を提供する者を相手方として決定することをいう。入札とは、競争入札に参加する者に対し、文書で契約の内容、金額等（総合評価の内容）を表示させることをいう。

2　一般競争入札

(1)　原則としての一般競争入札

　一般競争入札は、公告によって不特定多数の者を募集し、入札によって申込みを競争させるもので、その申込者のうちから、自治体に最も有利な条件を提示した者（総合評価方式もある）を選定し、その者と契約を締結するものである。したがって、一般競争入札は機会均等であり、公正性、経済性の原則を維持して実施できることからもっとも望ましい契約方法である。

　しかるに、従来から、多くの公共工事は指名競争入札によって行われてきた。それは指名競争入札が地域の実情を反映させ、発注者の信頼し得る施工業者を指名によって選定できる点にメリットがあったからである。

　また、一般競争入札による場合には、不良・不適格業者の参入を防止できないとされた。そのため、従来、国、地方を問わず、指名競争入札が幅広く活用されてきた。

(2)　一般競争入札の徹底

　ところで、平成に入ってから、指名に伴う談合等の不祥事の発生、入札参加意思のある者に対する参加機会の確保の不十分さが指摘され、一般競争入札の徹底が求められるようになっている。この点について、総務省は平成19年2月23日「地方公共団体における入札契約適正化・支援方策」（資料2）を発表し各自治体に通知したが、その概要は次のようである。

　①　すべての地方公共団体において、一般競争入札を導入する。

②　都道府県及び指定都市においては、1,000万円以上の契約について
は、原則として一般競争入札によるものとし、その実施に向けて、早
急に取り組む。

③　直ちに一般競争入札を導入することが困難な市町村においても、当
面１年以内に取組方針を定め、一般競争入札導入に必要な条件整備を
行い、速やかに実施する。

以上の方針の進行状況は、平成30年度の状況でみると以下のようである。

一般競争入札の採用	都道府県・政令市 100%、その他 80.3%
総合評価	都道府県・政令市 100%、その他 63.9%
ダンピング対策 （最低制限価格制度・ 低入札価格調査制度）	都道府県・指定都市 100%、市町村 93.7%

3　一般競争入札の参加者の資格

一般競争入札の参加者については、その性質上、機会均等と公正性を確
保するため、広くこれに参加できるようにする必要がある。

しかしながら、参加者の素質の適否は、直ちに契約の成否にも影響する
ことから、不誠実又は不確実な者の参加を防止するため、公正性を失わせ
しめない限度において自治令で資格が制限されている。また、必要がある
ときは普通地方公共団体の長は、契約の種類及び金額に応じ一般競争入札
に参加する者の資格に関する要件を定めることができる。

⑴　資格要件

自治令167条の４第１項は、一般競争入札の参加者の資格要件を次のよ
うに規定している。

第167条の４　普通地方公共団体は、特別の理由がある場合を除くほか、一般競
争入札に次の各号のいずれかに該当する者を参加させることができない。

⑴　当該入札に係る契約を締結する能力を有しない者

⑵　破産手続開始の決定を受けて復権を得ない者

⑶　暴力団員による不当な行為の防止等に関する法律（平成３年法律第
　77号）第32条第１項各号に掲げる者

　ここでいう契約を締結する能力を有しない者とは、民法の規定する制限
能力者をいうが、未成年者については、前述のとおり契約を締結する能力
を有する場合があるので、個別具体的に検討することが必要である。また、
破産者の復権とは、破産法256条により、破産裁判所から復権の決定を受
けた者をいう。

　さらに、自治令167条の４第２項は、契約の事故者に対する入札資格の
制限について、次のように規定している。

　2　普通地方公共団体は、一般競争入札に参加しようとする者が次の各号のいず
　　れかに該当すると認められるときは、その者について３年以内の期間を定めて
　　一般競争入札に参加させないことができる。その者を代理人、支配人その他の
　　使用人又は入札代理人として使用する者についても、また同様とする。
　⑴　契約の履行に当たり、故意に工事、製造その他の役務を粗雑に行い、又は
　　　物件の品質若しくは数量に関して不正の行為をしたとき。
　⑵　競争入札又はせり売りにおいて、その公正な執行を妨げたとき又は公正な
　　　価格の成立を害し、若しくは不正の利益を得るために連合したとき。
　⑶　落札者が契約を締結すること又は契約者が契約を履行することを妨げた
　　　とき。
　⑷　地方自治法第234条の２第１項の規定による監督又は検査の実施に当たり
　　　職員の職務の執行を妨げたとき。
　⑸　正当な理由がなくて契約を履行しなかつたとき。
　⑹　契約により、契約の後に代価の額を確定する場合において、当該代価の請
　　　求を故意に虚偽の事実に基づき過大な額で行つたとき。
　⑺　この項（この号を除く。）の規定により一般競争入札に参加できないこと

とされている者を契約の締結又は契約の履行に当たり代理人、支配人その他の使用人として使用したとき。

(2)　参加者の資格

①　自治令167条の５は、前記の入札資格の制限に加えて、さらに参加資格を制限することを認めて、次のように規定している。

第167条の５　普通地方公共団体の長は、前条に定めるもののほか、必要があるときは、一般競争入札に参加する者に必要な資格として、あらかじめ、契約の種類及び金額に応じ、工事、製造又は販売等の実績、従業員の数、資本の額その他の経営の規模及び状況を要件とする資格を定めることができる。

２　普通地方公共団体の長は、前項の規定により一般競争入札に参加する者に必要な資格を定めたときは、これを公示しなければならない。

前記の規定により、例えば経営の状況を示すものとして、多くの自治体が当該自治体の租税等の滞納がある者等の具体的な要件を定めている。

②　自治令167条の５の２は、さらに、前記参加資格の制限を認めて、次のように規定している。

第167条の５の２　普通地方公共団体の長は、一般競争入札により契約を締結しようとする場合において、契約の性質又は目的により、当該入札を適正かつ合理的に行うため特に必要があると認めるときは、前条第１項の資格を有する者につき、更に、当該入札に参加する者の事業所の所在地又はその者の当該契約に係る工事等についての経験若しくは技術的適性の有無等に関する必要な資格を定め、当該資格を有する者により当該入札を行わせることができる。

上記のような参加資格を制限した入札を「制限付一般競争入札」と呼んでいる。なお事業の所在地等の制限をする場合、前記総務省の通知は

おおむね20件以上の競争者のいる地域の指定としているので注意が必要である。

③　契約規則で定めた参加者資格の例

　　自治令は、前述のとおり規定しているが、さらに契約規則等で詳細に規定している自治体もある。ここでは、例として、以下、横須賀市契約規則を紹介する。

（競争入札の参加資格）

第4条　地方自治法施行令（昭和22年政令第16号。以下「令」という。）第167条の4第1項に規定する者のほか、次に掲げるいずれかに該当する者は、競争入札に参加することができない。ただし、売渡契約及び貸与契約の場合は、この限りでない。

⑴　令第167条の4第2項の規定に該当する者でその事実があった後3年を経過しない者。なお、その者を代理人、支配人その他の使用人として使用する者についても、また同様とする。

⑵　入札に参加しようとする営業に関し、法律上必要とする資格、登録等を有しない者

⑶　入札に参加しようとする営業を、引き続き2年以上行っていない者

⑷　国税、都道府県税及び市町村税の納付又は納入をしていない者

⑸　工事の請負にあっては、建設業法第3条に規定する許可を受けて建設業を営んでいない者又は同法第27条の23に規定する経営事項審査の審査を受けていない者

2　次に掲げる場合は、被承継人が営業に従事した期間は承継人が営業に従事した期間に加算するものとし、被承継人が納付した国税等は承継人が納付したものとみなす。

⑴　相続したとき。

⑵　個人営業者が会社を設立して、これにその営業権を譲渡し、その会社の代表社員に就任し、現にその職にあるとき。

---

　(3)　会社が組織を変更して、他の種類の会社となったとき。

　(4)　会社が解散し、その会社の代表社員が営業権を譲り受け、個人営業者となったとき。

　(5)　合併又は分割により、当該営業を承継したとき。

　(6)　その他市長が前各号に準ずると認めたとき。

（資格審査等）

第5条　競争入札に参加しようとする者（以下「申請者」という。）は、市長に対し、あらかじめ競争入札に参加する資格を有するかどうかの審査の申請をしなければならない。ただし、市長が、契約の性質及び目的その他特別な事情によりその必要がないと認めたときは、この限りでない。

2　市長は、前項の申請を受けたときは、申請者が前条第1項各号に該当するかどうかを定期又は随時に審査し、当該各号に該当しないと認めたときは、当該申請者を競争入札参加有資格者名簿に登録するものとする。

3　前項に規定する競争入札参加有資格者名簿への登録を行う期間は、資格審査の申請時に基準とした決算日等から1年7箇月以内とする。ただし、市長は、適当と認めるときは、登録期間を延長し、若しくは短縮し、又は登録期間中においても登録を取り消すことができる。

4　競争入札参加有資格者名簿に登録された者は、登録事項に変更があったときは、その旨を速やかに関係書類を添えて市長に届け出なければならない。

4　一般競争入札の公告

(1)　公告の必要

　一般競争入札は不特定多数の人の入札参加を求めるものであるから、当然その契約内容等を公告しなければならない。この点について、自治令167条の6第1項は、次のように規定している。

第167条の6　普通地方公共団体の長は一般競争入札により契約を締結しようと

> するときは、入札に参加する者に必要な資格、入札の場所及び日時その他入札
> について必要な事項を公告しなければならない。

(2)　公告の性質

　公告とは、一般競争入札を行う旨を、不特定多数の者に知らせるために
行うものである。公告の方法は、公報、新聞又は掲示等（最近はインター
ネットのホームページ）が考えられる。いずれにしても、広く参加者を求
める趣旨から、１か所に掲示するだけでは一般的に周知を欠くものとされ
ている。一般競争入札の執行の手続の民法上の性格については、公告は「申
込の誘引」であるとしている。

　公告の期間については、一般競争の効果を発揮させるため、あらかじめ
定めた期間を短縮することはできない。ただし、緊急の場合に公告期間を
短期間に限ることは可能である。

(3)　公告の記載事項

　公告の記載事項について、自治令167条の６第２項は、次のように規定
している。

> 2　普通地方公共団体の長は、前項の公告において、入札に参加する者に必要な
> 資格のない者のした入札及び入札に関する条件に違反した入札は無効とする
> 旨を明らかにしておかなければならない。

　多くの自治体においては、この自治令の規定だけでは十分でないので財
務規則等でその内容を補充している。

　そこで、入札の公告の記載事項を検討してみると、次のような点を明ら
かにしておくべきであろう。

① 　競争入札に付する事項

　　競争入札に付そうとする契約の内容であるが、その数量、品質、規格
　を示すなど詳細であることが望ましい。

②　入札に参加する者に必要な資格に関する事項

　　自治令167条の4第1項及び第2項の規定に該当しないものについて
は、すべて参加を許すのであればその旨、さらに同令167条の5第1項
の資格が定められている場合は、当該資格のある者のうち○○○の者と
限定して具体的に記載する必要がある。

　　また、前述のように契約規則等で入札資格を決めている場合はその内
容、さらに、資格審査手続を規定している場合は、その手続内容と手続
期間等を公告する必要がある。

③　契約条項を示す場所

　　契約に関する条件を記載した書面（入札者心得あるいは入札説明書）
を手に入れる場所や工事における現場説明を行う場所等がこれに該当す
る。

④　入札及び開札の場所及び日時

　　入札及び開札場所については、具体的に示すことが必要である。

　　また入札日時は、確定日時でなければならない。

⑤　入札保証金に関する事項

　　入札保証金の額については、100分の5（財務規則の定めによる）以
上の率において具体的に記載する必要がある。

⑥　その他必要な事項

　　その他必要な記載事項としては、次のような事項が考えられる。

　　ア　契約書の作成の要否

　　イ　郵便入札、電信入札の可否

　　ウ　入札目的物の下見場所及びその日時

　　エ　その他、入札を無効とする場合の要件等必要と認められる事項
　　　　は、適宜これを記載することが望ましい。少なくとも、当該公告に
　　　　示した入札参加資格のない者のした入札及び入札に関する条件に違
　　　　反した入札は無効である旨を明らかにしておく必要がある（自治令
　　　　167条の6第2項）。

オ　競争入札に付そうとする場合において、入札保証金を納めさせ、
又はその納付に代えて国債その他の担保を提供させるときは、公告
又は通知において、これを払い込ませ、又は提出させようとする出
納機関を指定する必要がある。

5　一般競争入札と入札保証金

(1)　入札保証金

入札保証金とは、自治体が契約を締結するに当たって、競争参加者から
徴収する保証金である。入札保証金を納付させる目的は、着実な競争者を
得るためと、落札者が契約を締結すべき義務を履行することを担保しよう
とするものである。

自治令167条の 7 第 1 項は、入札保証金について、次のように規定して
いる。

第167条の 7 　普通地方公共団体は、一般競争入札により契約を締結しようとす
るときは、入札に参加しようとする者をして当該普通地方公共団体の規則で定
める率又は額の入札保証金を納めさせなければならない。

入札保証金は、落札者が契約を締結しないときは、自治体に帰属するも
のであるが、それはいわゆる民法420条の賠償額の予定に相当するものと
解されている。民法の損害賠償の予定とは、債務不履行によって賠償すべ
き損害額をあらかじめ契約により定めておくものである。

したがって、落札者が契約を締結しないことによる損害が入札保証金の
額以上であっても、保証金以外の請求をすることができないし、その反対
の場合でも差額を返還する必要はないものである。

入札保証金の額が所定の額又は率に満たない場合、当該入札をした者の
入札は無効であり、当該者は落札者となることはできない。なお、この場
合の入札保証金は、還付すべきである。

⑵ **入札保証金の額と納付時期**

① 入札保証金の額

　　入札保証金の額は、見積る入札金額の100分の5（財務規則の定め）以上であれば、いくらでもよいわけであるが、入札者間の均衡を図るため、契約担当者は、公告において、それぞれ個々具体的な場合に応じて、一定の比率を定めて運用することが適当である。

　　単価契約の場合の入札保証金の額については、財務規則にしたがって、契約担当者が定めた額以上の額となる。この額を定めるに当たっては、見込数量を把握の上、概算額の100分の5（財務規則の定め）以上において額を定めるべきである。

　　なお、継続的物品供給契約における単価契約の場合は、入札保証金を免除する旨を定めている団体もある。

② 入札保証金の納付時期

　　入札保証金の納付の時期については、法令には何ら定めがないが、保証金である以上、競争入札執行前に納入させる必要がある。そして、入札当日に納付させることも差し支えないが、これにこだわることなく、数日前に納付させることも差し支えない。

⑶ **入札保証金の納付の法的性質**

　　入札保証金の納付は、自治体へ金銭を寄託し、仮に落札したのに契約をしなかった場合は、その金銭は自治体の所有に帰するという約束である。その法的構成は消費寄託及び停止条件つき譲渡の混合契約によるものと考えられている。そして、その法的性質は損害賠償の予定（民法420条1項）である。

　　本来、債務不履行があった場合、債務者の責めに帰すべき事由により損害が発生したこと及びその損害額を立証して初めて損害賠償の請求ができるものであるが、民法420条は、その損害の発生の有無や多少を問わず、また債務者の責めに帰すべき事由の存在も必要とせず、債務者に予定した金額を損害として支払わせるというものである。これは立証の困難さやわ

ずらわしさを排除しようとするものである。

⑷　入札保証金に代わる担保

　自治令167条の7第2項は、「入札保証金の納付は、国債、地方債その他普通地方公共団体の長が確実と認める担保の提供をもつて代えることができる。」と規定している。

　この場合の提供担保の評価については、規則で定めるのが一般である。以下に横須賀市契約規則を例として掲げる。

> 第8条　令第167条の7第2項の規定により市長が入札保証金の納付に代えて提供させることができる担保とその価値は、次に掲げるとおりとする。
> ⑴　国債又は地方債　額面金額の100分の80
> ⑵　金融機関の保証　その保証する金額
> ⑶　売払い入札システムにより入札を実施する場合における当該システムを提供する事業者の保証　その保証する金額

⑸　入札保証金の免除

　入札保証金は、契約締結義務の履行を担保しようとするものであるから、入札参加者が、誠実、確実に契約の締結を履行すると認められる場合は、入札保証金の納付を免除することができる。また、不用品の処分は、その場において直ちに契約の締結が履行されることを常態としているものであるから、前述の趣旨から入札保証金を免除することができることとしている。

　入札保証金の免除についても、契約規則や財務規則で規定するのが一般である。以下に契約規則の例を記す。

> （入札保証金）
> 第7条　令第167条の7第1項に規定する入札保証金の率は、入札金額（単価による契約にあっては、予定数量に単価を乗じて得た額。以下同じ。）の100分の

5以上とし、入札者は、市長が指定する期日までに納付しなければならない。ただし、市長は、次の各号のいずれかに該当するときは、入札保証金の全部又は一部を免除することができる。

⑴　入札に参加しようとする者が、保険会社との間に市を被保険者とする入札保証保険契約を締結したとき。

⑵　一般競争入札に参加しようとする者が、過去2年間に国（公団を含む。以下同じ。）又は地方公共団体と種類及び規模をほぼ同じくする契約を締結し、かつ、これらをすべて誠実に履行した者で、契約を締結しないこととなるおそれがないと認められるとき。

⑶　入札に参加しようとする者が、第5条第2項の規定により競争入札参加有資格者名簿に登録されている者であるとき。

2　前項の規定にかかわらず、売払い又は貸付けに関する入札にあっては、市長がその都度入札保証金の額を定めるものとする。

（入札保証金等の還付）

第9条　入札保証金（前条の規定により提供された担保を含む。）は、入札終了後又は入札を中止したときに速やかに還付するものとする。ただし、落札者に対しては、契約を締結した後にこれを還付するものとする。

2　市長は、落札者の申し出により、入札保証金を契約保証金に充てることができる。

3　入札保証金に対しては、その受入期間につき利息を付さないものとする。

（入札に係る損害賠償）

第10条　落札者が契約を締結しない場合には、納付した入札保証金は、市に帰属するものとする。

2　前項の場合において、当該落札者は、入札保証金の全部又は一部の納付を免除されているときは、入札金額の100分の5に相当する額以上の額を損害賠償金として納付しなければならない。

> **コラム**　民法420条と入札保証金の免除

民法420条は、「当事者は、債務の不履行について損害賠償の額を予定することができる。」と規定している。入札保証金は、落札した者が契約を締結しなかった場合、すなわち、そのような債務不履行があった場合、提供された保証金を損害賠償とするという性質を有する金銭の授受であるとして、民法420条の規定する損害賠償の予定の性質を有するものであるとしている。本来、債務不履行があった場合は、その損害の額を債権者が立証して請求するのが原則である。しかし、その証明は容易ではない。そこで債務不履行があれば、損害の有無、多少を問わず、あらかじめ債務者に損害賠償金相当の額を納付させて、損害の立証の困難やその計算等のわずらわしさを排除して、その履行を確保しようとしたものである。したがって、この場合、債務者が、損害がなかった、あるいは損害予定の額より少ない旨を立証しても、その請求をすることができないことを規定したものである。したがって、仮に、入札保証金を免除した者が、今回の落札については、契約を締結しなかったという場合、損害賠償を免除したのではなく、保証金の支払いを免除したに過ぎないから、別途、損害額を算定して請求しなければならない。

6　予定価格

(1)　予定価格の意義

　予定価格とは、自治体が契約を締結するに際し、長がその契約金額を決定する基準とするため、あらかじめ算定した価格をいう。すなわち、自治体が契約を締結するに際して、長がその契約金額を決定する基準として予算の範囲内で定めた見積価格を予定価格という。

　予定価格について、自治法234条3項は、「‥‥‥‥一般競争入札又は指名競争入札に付する場合においては、政令の定めるところにより、契約の目的に応じ、予定価格の制限の範囲内で最高又は最低の価格をもって申込み

をした者を契約の相手方とするものとする。」と規定しているのみで具体的な算出方法等を定めていない。すなわち、そこでは、予定価格について、収入を目的とする契約についてはその下限額を、支出を目的とする契約についてはその上限額を画する基準としてのみ規定している。したがって、法は、自治体が、それぞれの契約の実情によって、予定価格を独自に定めることを認めているといえる。

(2) **予定価格の決定方法**

① 落札者の決定に当たって、あらかじめ決定された予定価格を基準として、自動的に落札者を決定することにより、競争の公正性を確保しようとするものである。したがって、予定価格は、競争入札に付する事項の価格の総額について定めることを原則とする。予定価格の決定に当たり、内訳単価を予定価格調書に記載することはもちろん差し支えないが、落札決定は総額をもって判断するものであるから、かえって簡明を期するため、単に競争入札に付する事項の価格の総額について定めることとされている。

　前述のように、予定価格は、事案の価格の総額について決定するのが原則であるが、単価で契約を予定しているものは単価について定めることも可能である。すなわち、一定期間継続して行う製造、修理、加工、売買、供給、使用等の契約の場合は、単価についての予定価格を定めることができ、この場合の入札に当たっては、単価で入札金額を表示させることとなる。

② 予定価格決定の基準

　予定価格の目的は適正価格を設定することにあるから、その算定に当たっては、当該物件又は役務の取引の実例価格、需給の状況、履行の難易、数量の多寡、履行期間の長短等を考慮する必要がある。

　予定価格は、契約金額の決定に重大な影響を及ぼすものであり、その積算に当たっては、前記の項目について十分検討するほか、市場価格の調査、製造請負や工事等については、「物価資料（建設物価調査会編）」

「積算資料（経済調査会編）」又は前回入札価格等についても調査する必要がある（資料3）。

(3)　予定価格の秘密性

① 　予定価格は、落札決定後といえどもみだりに公開すべきではないとされてきた。その理由として、開札後落札者がなく、直ちに再度入札を行う場合、あるいはその予定価格の範囲内で随意契約をする必要がある場合が考えられ、契約の履行その他競争入札の執行上弊害を伴うおそれもあるからとされた。

　　しかし、近年、情報公開の進展並びに公共工事の入札及び契約の適正化の促進に伴い、情報公開条例に基づく公文書開示請求に対し、落札後の予定価格の開示決定を認めた判例がある。また、契約の過程並びに契約の透明性を確保するために予定価格及びその積算内訳等の情報を契約締結後に公表する事例も見受けられている。

　　また、自治体においては、法令上の制限はないことから、不正入札が相次いだことを受けて、平成12年ごろから事前公表を導入する自治体が増加した。なお、予定価格の公表は、予定価格を聞き出すために公務員に働き掛ける必要がなくなり、汚職がなくなるという発想もあった。

② 　国の方針（令和元年10月18日閣議決定）

　　入札及び契約に関する透明性の確保は、公共工事の入札及び契約に関し不正行為の防止を図るとともに、国民に対してそれが適正に行われていることを明らかにする上で不可欠であることから、入札及び契約に係る情報については、公表することを基本とし、法第2章に定めるもののほか、次に掲げるものに該当するものがある場合（ロに掲げるものにあっては、事後の契約において予定価格を類推させるおそれがないと認められる場合又は各省各庁の長等の事務若しくは事業に支障を生じるおそれがないと認められる場合に限る。）においては、それについて公表することとする。この場合、各省各庁の長等において、法第2章に定める情報の公表に準じた方法で行うものとする。なお、公表の時期については、令

第4条第2項及び第7条第2項において個別の入札及び契約に関する事項は、契約を締結した後に遅滞なく公表することを原則としつつ、令第4条第2項ただし書及び第7条第2項ただし書に掲げるものにあっては契約締結前の公表を妨げないとしていることを踏まえ、適切に行うこととする。

イ　競争参加者の経営状況及び施工能力に関する評点並びに工事成績その他の各発注者による評点並びにこれらの合計点数並びに当該合計点数に応じた競争参加者の順位並びに各発注者が等級区分を定めた場合における区分の基準

ロ　予定価格及びその積算内訳

ハ　低入札価格調査の基準価格及び最低制限価格を定めた場合における当該価格

ニ　低入札価格調査の要領及び結果の概要

ホ　公募型指名競争入札を行った場合における当該競争に参加しようとした者の商号又は名称並びに当該競争入札で指名されなかった者の商号又は名称及びその者を指名しなかった理由

ヘ　入札及び契約の過程並びに契約の内容について意見の具申等を行う第三者からなる機関に係る任務委員構成運営方法その他の当該機関の設置及び運営に関すること並びに当該機関において行った審議に係る議事の概要

ト　入札及び契約に関する苦情の申出の窓口及び申し出られた苦情の処理手続その他の苦情処理の方策に関すること並びに苦情を申し出た者の名称、苦情の内容及びその処理の結果

チ　指名停止（一般競争入札において一定期間入札参加を認めない措置を含む。以下同じ）を受けた者の商号又は名称並びに指名停止の期間及び理由

リ　工事の監督・検査に関する基準

ヌ　工事の技術検査に関する要領

ル　工事の成績の評定要領

ヲ　談合情報を得た場合等の取扱要領

ワ　施工体制の把握のための要領

③　自治体の状況—公表の基準例（横浜市）

1　技術的難易度が高く、規模の大きい工事（1億円ないし5,000万円）の予定
　価格については、事業者の積算能力が入札に反映されると考えられるため、24
　年度の契約分から、事後公表とします。
2　規模の小さい工事（上記1以外の工事）については、工事内容が比較的複雑
　でなく、また、同種の工事を繰り返し発注することが多いため、事業者の積算
　能力が入札に反映される余地は少ないと考えられるとともに、事業者において
　採算の見込みがない入札に参加しないことができるなどのメリットが明確で
　あることから、事前公表を原則とします。

　現在の状況は、情報公開制度の進展の影響もあって、予定価格を事前
公表したが、談合を防止することができず、結局、再び事後公表に至る
というのが実情のようである。予定価格と同時に最低制限価格を公表し
ているところでは、最低制限価格で入札する者が多く、結局同一価格で
くじ引きにせざるを得ない状況の発生も仄聞するところである。

　最低制限価格を公表している以上、同一価格の入札であるからといっ
て直ちに談合とはいえないであろう。しかし、このような状態が続くと
入札制度が崩れてしまうので、事前公表は再検討せざるを得ない実態に
あるといえる。そこで、多くの自治体が予定価格の事後公表に変更しよ
うとしているといえる。

　予算額と設計価格と予定価格

　自治体の契約は予算なければ契約なしの原則のとおり、予算の範囲内で初めて契約の締結が可能である。また、設計価格とは、契約の目的や内容に応じて、人件費、原材料費、管理費等を物価資料やカタログ等に記載してある価格等を基礎にして、一定の手法によって積算した額をいい、予定価格を決定するための大きな要素である。

　予定価格は、契約の相手方を決定するための基準となる価格であり、設計価格を基にして算出されるものではあるが、契約を締結するためには予定価格以上の予算を確保していることが必要である。したがって、まず予算があり、その枠内で設計価格を決定し、それを基に予定価格を算出し、現実の契約価格は、その予定価格以下で決定し、契約締結に至るものといえる。

7　入札の方法

(1)　入札の実施

　入札は、公告に指定された日時及び場所に本人が出席して行うことを原則とする。しかし、委任状が提出された場合は、代理人が出席して行うことも差し支えない。

　また、公告により書留郵便での入札も許される場合があるが、この場合は、所定の期日までに到着することを要件とすべきであり、所定の期日までに到着しない場合はその入札は無効としておく。

　なお、普通郵便により入札することも可能であるが、郵便による場合は、公告において入札条件として明示しておくべきである。ただし、期日入札の場合は、郵便が原則となろう。

(2)　入札の無効

　次のような場合の入札は、無効である。

①　法令及び規則に違反したとき

②　入札に参加する者に必要な資格のない者のした入札

③　入札に関する条件に違反した入札

　ア　委任状を提出しない代理人（使者）のした入札

　イ　所定の日時までに所定の入札保証金を納付しない者のした入札

　ウ　郵便入札は認めないとされた場合に郵送された入札

　エ　所定の場所に所定の日時までに到達しない入札

　オ　入札書に記名押印のない入札又は誤字、脱字等により意思表示が不明確である入札

　カ　入札事項を表示せず、又は一定の金額をもって価格を表示しない入札

　キ　総額について落札者を決定すべき旨を告げて入札に付した場合に、単価のみを記入した入札

　ク　入札執行前に予定価格を公表した場合において、当該予定価格を超える金額で入札したとき

　ケ　同一人が同一事項に対して2通以上の入札をしたとき

　コ　他人の代理人を兼ね、又は2人以上の代理をした者の入札

　なお、単価入札で落札決定する場合において、その総額に誤りがあっても入札の効力に影響はないものと解され、また、総額で落札決定をする場合において、その内訳に誤りがあった場合も同様に解される。

　これらの理由に基づく無効入札は、法律上の効果を生じない（民法119条）ため、1番札が無効の場合は2番札を、1番札、2番札がともに無効の場合は、3番札について落札とすべきかどうかを決定する。

⑶　**入札の書き換え、引き換え、撤回の禁止**

　入札書を提出した後における書き換え、引き換え又は撤回はできない（自治令167条の8第3項）。この場合の提出とは、入札書を持参する場合は、入札書を入れるべき容器に投入した時であり、郵送の場合は、入札執行者がこれを受付した時と解される。

8　開　札

　開札は、公告において示した入札の場所において、入札の終了後直ちに入札者を立ち会わせて行わなければならない。入札者は開札に立ち会う権利があるが義務はないので、立ち会わなくとも入札の効力に影響がない。

　しかし、入札者が開札に立ち会わないときは、当該入札事務に関係のない職員を立ち会わせなければならない（自治令167条の8第1項）。なお、電磁的記録提出による入札の場合は立ち会わせないことができる（前条2項）。

9　再度入札

⑴　再度入札の要件

　開札の結果、すべての入札が予定価格の制限に達しないとき、すなわち、収入の原因となる契約についての入札にあっては各人の入札のすべてが予定価格を下回るとき、支出の原因となる契約についての入札にあっては各人の入札のすべてが予定価格を上回るとき（最低制限価格を設けた場合は、各人の入札のすべてが予定価格を上回り、又は最低制限価格を下回るとき。）は、開札後直ちに再度の入札に付することができる。これが再度入札である（自治令167条の8第3項）。

⑵　再度入札の実施

　再度入札は、開札後直ちに入札に付するものであるが、これは、再び公告の手続を行うことなく入札に付することができるという意味であって、必ずしもその場において即時に行う必要はない。

　再度入札は、初度入札の延長として行うものであるから、当初の公告及び予定価格がそのまま有効であるのをはじめ、納付された入札保証金も、そのまま有効となる。

　なお、収入の原因となる契約に係る入札保証金については、増加分の入札保証金を追加納付させる必要がある。この場合、追加納付は必要ないと

財務規則等で定めれば、追加納付なしに事務が進行できるので、そのような規定を検討すべきであろう。

　再度入札の参加資格については、初度入札に参加しない者は参加させるべきではなく、初度入札において無効の入札をした者については、無効の原因が競争入札参加資格の欠如等入札資格に関するものである場合を除いて、原則として参加させることは差し支えない（誤字、脱字等意思表示の不明確な無効原因の入札者等）。

　再度入札しても落札者がない場合は、随意契約によることもできるし、また、再度入札の手続に準じて第3回目の入札を行っても差し支えない。再度入札の繰返しについては、回数の制限はないものと解されている。ただし、予定価格を公表している場合は一度に限るとしている例もある。

　なお、当初の入札において入札者がない場合は、再度入札を行う余地はなく、再度公告入札によるか、随意契約によるかのいずれかによることとなる。

10　再度公告入札

　再度公告入札は、競争入札に付し、入札が不調に終わった場合に、競争入札の手続を更新し、新たに公告からやり直して、競争入札を行うもので、初度の入札とは全く別個のものである。

　再度公告入札は、次のような場合に行われる。

① 　競争入札に付しても、入札者がないとき

② 　再度入札をしても、落札者がないとき

③ 　落札者はあっても、落札者が契約を締結しないとき

　これらの場合は、それぞれ再度公告入札又は随意契約によることができるとされているが、どの方法をとるかは、当該自治体にとってどの方法が有利であるかにより決定すべきものである。なお、再度公告入札は、初度の入札とは別個のものであるので、予定価格を変更することは差し支えないものと解されるが、第1回の入札と関連を持つものであるから、契約の

目的を著しく変更することは許されない。

11　落札者の決定

⑴　落札者決定方法の原則

　落札は、収入の原因となる契約にあっては、予定価格以上で最高の価格で入札した者を、また、支出の原因となる契約にあっては、予定価格以下で最低の価格で入札した者を契約の相手方とすることを原則とする（自治法234条3項）。

① 　最高の価格について、制限価格を設けることができるか

　　予定価格以上最高制限価格として、最高制限価格内の者を落札者として決定できるかについて、判例は次のように判断している。

［最高裁判決の要旨］

　法234条3項に定める一般競争入札の性質からして、収入の原因となる契約では、最低制限価格を定めてそれ以上の範囲内で申込をしたものを契約の相手方とし、支出の原因となる契約については、最高制限価格を定めてそれ以下の範囲内で最低の価格をもって申込をしたものを契約の相手方とすることを定めたものと解すべきである。また、同項ただし書の趣旨からすると、同法は、収入の原因となる契約について、一般競争入札において最高制限価格を設けて入札を実施することを認めていないと解すべきである。このことから、普通地方公共団体が、収入の原因となる契約を締結するため一般競争入札を行う場合、最低制限価格のほか最高制限価格をも設定し、最低制限価格以上、最高制限価格以下の範囲の価格をもって申込みをしたもののうち、最高価格の申込者を落札者とする方法を採ることは許されず、このような方法による売却の実施は違法というべきである。

　普通地方公共団体が、不動産等を売却する場合において、合理的な行政目的達成の必要など、やむを得ない事情があって、一定額を超えない価格で不動産等を売却する必要がある場合、これを一般競争入札に付するならば、最高入札価格が右の一定額を超えるおそれがあるときには、その売却は、「その性質又は目的が

競争入札に適しないもの」（自治令167条の2第1項2号）に当たるとして、随意契約によって行うことができる。本件売却価格と随意契約によったときの売却価格として推認される価格との差異の有無など、損害発生の有無及びその額について、さらに審理を尽くさせる必要があり、原審に差し戻す（最高裁（1小）平成6年12月22日判決・破棄差戻し）。

　本件では、下級審裁判所は、最高制限価格を設定するかどうかは自治体の長の裁量行為であるとしていたものを、最高裁は最高限度額の設定を自治法違反であるとして、差し戻したものである。すなわち、判決は、法234条3項ただし書きの反対解釈として、収入を目的とする契約には、最高限度額を決定することはできず、仮に、そのような場合は、随意契約によるべきであるとした。たしかに、条文解釈からいえば最高裁判決のとおりであろう。しかし、本件判決で、傍論に過ぎないとはいえ最高制限価格を付さなければならないような場合はその性質上、競争入札に適しないものとして（自治令167条の2第1項2号）随意契約によるべきであるとした。このことから、自治体における土地売り払いについて、この判決の傍論部分を根拠として、安易に随意契約を行っている例がある。しかし、そのことは、自治令167条の2第1項2号が不動産の買い入れ、又は借り入れを例示としている規定からの脱法行為になる恐れがある。したがって、当該不動産の売り払いにおいて、その性質又は目的が競争入札に適しない場合に該当するかについては、厳密に検討することが必要であるといえる。

② 　1円入札は許されるか

　1円入札は、かつて、1円では契約の内容が履行できないこと、公正な取引秩序を乱すことになるから、違法とされた。しかし、1円入札によっても入札者に十分メリットがあるため、契約を履行することが可能であり、かつ、公正な取引秩序を乱さないことが確認できれば、必ずしも否定する必要はないと考える。

　　さらに、実際には、マイナス入札も行わざるを得ない事態も発生し、その事案に即しては、適法と判断せざるを得ない。すなわち、当該契約が「契約内容がその価格によっても履行できること」「公正な取引秩序を乱すことがないこと」の条件が充たされれば、1円入札あるいはマイナス入札を認めてよいと考えられる。現に、国においては、1円入札の例があり、自治体においてもマイナス入札の例がある（資料4、5）。

⑵　落札通知

　　落札者の決定は、民法上の申込みに対する承諾の性質をもつものであり、申込即ち入札と結合して、契約を成立させる意思表示の合致である。ただし、議会の議決を要する契約は、落札決定は未だ契約締結の予約に過ぎない。

　　落札者に対する通知は、入札者に開札の場所において落札者名及び落札金額等を読み上げて行うのが通常の方法である。

⑶　次順位落札者等

①　落札決定方法の特例として、次順位者が落札者となる場合として、次の場合に限り認められている（自治令16条の7の10第1項）。

　ア　地方公共団体の支出の原因となる契約のうち「工事又は製造その他についての請負の契約」に限られる。

　イ　予定価格の制限の範囲内で最低の価格で申込みをした者の当該申込に係る価格によっては、その者により当該契約の内容に適合した履行がなされないおそれがあると認めるとき。

　ウ　その者と契約を締結することが公正な取引の秩序を乱すこととなるおそれがあって著しく不適当であると認めるとき。

　　自治令167条の10第1項の規定により契約締結の権限を有する者が契約の相手方を決定する場合、次順位者とすることができるかどうかの判断については、専門の補助職員に審査させた上ですることが適当である。したがって、入札当日は、入札手続きの終了を宣言し、落札者の決定は後日とする旨、伝達することが必要となる。

② 低入札価格調査制度

　低入札価格調査制度とは、工事又は製造その他についての請負契約について、下記に定める「低入札価格調査基準」を下回る入札があった場合に、適正な契約の実施が可能かどうかについて、自治体が入札者の積算根拠等について調査を行う制度

ア　入札価格の積算内容の妥当性

　㋐　積算内訳の確認

　㋑　違算の有無

　㋒　直接人件費及び工数の妥当性

　㋓　発注業務仕様（自治体の積算）との整合性

　㋔　業務計画書との整合性

イ　業務計画等の妥当性

　㋐　業務計画書の妥当性（発注業務仕様との整合性）

　㋑　担当技術者の妥当性

　　ⅰ　担当技術者の資格設び経験の適合性

　　ⅱ　担当技術者の業務実施能力

　㋒　従業員配置計画の妥当性

　㋓　外注計画の妥当性

ウ　該当性

　「低入札価格に該当しない」と認められる場合、低入札価格者を落札者とする。

　「低入札価格に該当する」と認められる場合、次順位等の価格の入札者を落札者とする。

(4)　**最低制限価格制度**

　自治令は、公共工事等の入札の過度な安値受注による工事品質の悪化、下請業者へのしわ寄せ、建設業の健全な発展の阻害等を防止するといった観点から最低制限価格を設定できる場合を認めている（自治令167条の10第2項）。

① 最低制限価格を設定するための要件

　自治体の支出の原因となる契約のうち「工事又は製造その他についての請負の契約」に限られる。本件の要件は、請負契約だけが対象である。請負契約とは、仕事の完成を目的とする契約である（民法632条）。これは、前記の次順位者落札の場合も同様である。

　ところで、委任ないし準委任契約についても最低制限価格を設けている例が見られる。その原因は、業務委託契約にある。業務委託契約の多くはある事務の追行を委託するものであるから、委任ないし準委任契約の場合が多い。しかし、その契約の性質を検討しないで、本件条項に当たるとして最低制限価格を設けているようである。前述したように自治令は、請負契約の場合にのみ最低制限価格の設定を認めているのであるから、業務委託契約のうち、請負契約の性質を有する場合のみ、最低制限価格を設定できるのである。

　また、当該契約の内容に適合した履行を確保するため、特に必要があると認めた場合にも、最低制限価格を設定することが認められる。

② 最低制限価格の算定

　最低制限価格の設定は、この制度が認められている趣旨を考慮すべきである。ちなみに現在利用されている算定基準としては次のようなものがある。

　昭和62年2月12日建設省建設経済局長通達「低入札価格調査制度及び最低制限価格制度の活用について」、中央公共工事契約制度運用連絡協議会が採択した「工事請負契約に係る低入札価格調査基準中央公共工事契約制度運用連絡協議会モデル」を参考に、最低制限価格が入札書比較価格（税抜予定価格）に10分の8.5を乗じて得た額を超える場合にあっては10分の8.5を乗じて得た額とし、入札書比較価格（税抜予定価格）に3分の2を乗じて得た額に満たない場合にあっては3分の2を乗じて得た額としている場合が多い。

　北海道庁では、平成21年7月16日以後に入札を行う工事から次のよう

な算定基準を採用している。

予定価格の10分の7から10分の9までの範囲内で、次に掲げる額の合計に100分の105を乗じた額

直接工事費の額の95％

　　　　　　＋

共通仮設費の額の90％

　　　　　　＋

現場管理費の額の85％

　　　　　　＋

一般管理費の65％

⑸　**公契約条例**

　公契約条例とは、自治体が発注する工事又は製造その他についての請負の契約について、受注者等がそこで働く労働者等に対する賃金が地域の最低賃金を守っていない場合等に、当該契約を解除できるとする条例である。行政ワーキングプアといわれる状況を改善することを目的として、平成21年に野田市が公契約条例を制定し、その後、川崎市等新たに制定ないし、制定を検討している自治体が増加している。ここでは、先駆的な野田市の条例を中心として、若干の検討を行う。

①　条例制定の背景と目的

　野田市公契約条例の前文は、本条例制定の背景について、次のように述べている。

　「地方公共団体の入札は、一般競争入札の拡大や総合評価方式の採用などの改革が進められてきたが、一方で低入札価格の問題によって下請の事業者や業務に従事する労働者にしわ寄せがされ、労働者の賃金の低下を招く状況になってきている。このような状況を改善し、公平かつ適正な入札を通じて豊かな地域社会の実現と労働者の適正な労働条件が確保されることは、ひとつの自治体で解決できるものではなく、国が公契

約に関する法律の整備の重要性を認識し、速やかに必要な措置を講ずることが不可欠である。」

　すなわち、この条例は、自治体契約が最小の費用で最大の効果をあげるためとして、低入札価格によって契約を行うことによって、その価格の低下が、落札した企業やその下請企業の労働者の賃金の低下を招く恐れがあるという認識に立って、そのことは、地域経済や地域住民に悪影響を及ぼすので、公契約条例を制定することによって、地域の最低限の賃金水準を守るものとして、条例を位置づけている。

　そのことを端的に条例の目的として、次のように記載している。

第1条　この条例は、公契約に係る業務に従事する労働者の適正な労働条件を確保することにより、当該業務の質の確保及び公契約の社会的な価値の向上を図り、もって市民が豊かで安心して暮らすことのできる地域社会を実現することを目的とする。

② 公契約の範囲

　この条例が適用される公契約は、一般競争入札、指名競争入札又は随意契約の方法により締結される契約であって、次に掲げるものとしている（4条）。

⑴　予定価格が5,000万円以上の工事又は製造の請負の契約
⑵　予定価格が1,000万円以上の工事又は製造以外の請負の契約のうち、市長が別に定めるもの

③ 条例適用の労働者の範囲

第5条　この条例の適用を受ける労働者（以下、「適用労働者」という。）は、前条に規定する公契約に係る業務に従事する労働基準法9条に規定する労働

者であって、次の各号のいずれかに該当するもの及び前条に規定する公契約に
係る請負労働者とする。

(1)　受注者に雇用され、専ら当該公契約に係る業務に従事する者

(2)　下請負者に雇用され、専ら当該公契約に係る業務に従事する者

(3)　労働者派遣事業の適正な運営の確保及び派遣労働者の就業条件の整備等
　　に関する法律（昭和60年法律第88号。以下、「法」という。）の規定に基づき
　　受注者又は下請負者に派遣され、専ら当該公契約に係る業務に従事する者

④　受注者等の義務

第6条　受注者、下請負者及び法の規定に基づき受注者又は下請負者に労働者
　を派遣する者（以下、「受注者等」という。）は、適用労働者に対し、市長が別
　に定める1時間当たりの賃金等の最低額以上の賃金等を支払わなければなら
　ない。

⑤　公契約の解除方法

　　ア　適用労働者の申出

第6条の2　適用労働者は、支払われた賃金等の額が前条第1項に規定する賃金
　等の最低額を下回るときその他受注者等がこの条例に定める事項に違反する
　事実があるときは、市長又は受注者等にその旨の申出をすることができる。

2　受注者等は、適用労働者が前項の申出をしたことを理由として、当該適用労
　働者に対して解雇その他不利益な取扱いをしてはならない。

（報告及び立入検査）

第9条　市長は、適用労働者から第6条の2第1項の申出があったとき及びこの
　条例に定める事項の遵守状況を確認するため必要があると認めるときは、受注
　者等に対して必要な報告を求め、又はその職員に、当該事業所に立ち入り、適
　用労働者の労働条件が分かる書類その他の物件を検査させ、若しくは関係者に

質問させることができる。

2　前項の規定により立入検査をする職員は、その身分を示す証明書を携帯し、関係者の請求があったときは、これを提示しなければならない。

イ　公契約の解除

第11条　市長は、受注者等が次の各号のいずれかに該当するときは、市と受注者との公契約を解除することができる。

⑴　第9条第1項の報告をせず、若しくは虚偽の報告をし、又は同条の規定による検査を拒み、妨げ、若しくは忌避し、若しくは質問に対して答弁せず、若しくは虚偽の答弁をしたとき。

⑵　前条第1項の命令に従わないとき。

⑶　前条第2項の報告をせず、又は虚偽の報告をしたとき。

2　前項の規定により公契約を解除した場合において、受注者等に損害が生じても、市長は、その損害を賠償する責任を負わない。

⑥　野田市等の施行状況

　　野田市において、公契約条例が制定された後何回か改正されているが、公契約条例に基づく解除の事案はないようである。条例が地域で理解され、一定の効果を発揮しているものと思われる。

　　その他の自治体では、平成31年4月現在、同様の条例を制定している自治体は、55団体であり、そのうち、最低賃金を規定している条例は23団体である。

コラム 最低制限価格の設定と公契約条例

　最低制限価格制度は、契約の内容に適合した履行を確保するため、最低価格落札方式の例外としてあらかじめ最低制限価格を設け、最低制限価格以上の価格で入札した者のうち最低札の者を落札者とする制度である。その目的は、入札価格が不当に低価格であるときは、契約の履行が確実にできない恐れがあり、また自治体が不測の損害を被る恐れや工事品質の低下の懸念を防止することにある。したがって、この制度によって、ダンピングを防ぐことができ、その結果として、受注企業で働く労働者の労働条件を間接的に守ることができるとされている。

　これに対して、公契約条例は、当初から労働者の労働条件を守ることを目的とする条例で、労働条件が守られない場合は、当該契約を解除するという直接的実効性を有する制度である。一般に、労働条件の決定は、雇用者と労働者間の問題であるが、本条例がダンピング受注等をしてそのしわ寄せが労働者の賃金に行くことを防ぐという実質的効果が期待できる。このことは、地域経済の停滞を防ぐという点の効果もあるので、自治体で条例を制定しているのである。

(6)　総合評価競争入札による場合

　自治令は、契約の品質を確保するために、総合評価競争入札の方法を規定している。

　この方法を採る場合は、次の要件が必要である（自治令167条の10の2）。

① 　地方公共団体の支出の原因となる契約で、その性質又は目的から自治法234条3項本文、自治令167条の10により難しいものであるときに適用できる。

② 　予定価格の制限の範囲内の価格をもって申込みをした者のうち、価格その他の条件が最も有利なものをもって申込みをした者を落札者とすることができる（自治令167条の10の2第1項）。

③　総合評価競争入札による場合は、あらかじめ、落札者決定基準を定め（同条3項）、学識経験を有する者の意見を聴かなければならない（同条4項及び5項）。

④　普通地方公共団体の長は、総合評価一般競争入札を行おうとする場合において、当該契約について167条の6第1項の規定により公告をするときは、同項の規定により公告をしなければならない事項及び同条第2項の規定により明らかにしておかなければならない事項のほか、総合評価一般競争入札の方法による旨及び当該総合評価一般競争入札に係る落札者決定基準についても、公告をしなければならない。

⑤　具体的な算定方式

　　　総合評価点＝性能点／価格
　　　総合評価点＝性能点＋価格点　　　どちらかの式により総合評価

　　現在は、加算方式を採用している団体が多くなっている。

⑥　技術審査の実施

　　ア　総合評価の導入の決定

　　イ　入札参加希望者から実施可能な技術提案の募集と評価基準の決定

　　ウ　入札参加者からの具体的提案に対する個々に点数付けを行う入札段階

⑦　総合評価落札方式の手続の流れ

　　　　入札公告、設計図書等の閲覧

　　　　　　↓

　　　　入札参加資格確認申請…従来の「入札参加申込」に代わるものとして必要な手続である。技術提案書等の技術提案についてもこの時点で提出する。

　　　　　　↓

　　　　指名通知書や資格確認結果通知書は送付しない。

　　　　入札参加希望者は、入札公告に記載された期間内に入札書を提出。

　　　　　　↓

　　　全員の入札参加資格の確認、技術提案の審査

　　　　↓

　　　開札の結果、評価値の最も高い入札者が落札者となる。開札、落札
　　者の決定

　　　　↓

　　　入札書の提出から落札決定の通知

⑧　具体例

○仙台市の例

　　仙台市は、仙台市発注工事における総合評価実施要綱を決定し、平成
　21年4月から総合評価方式を本格導入している。そこでは、発注工事の
　特性（工事目的物の内容・規模、施工方法、施工条件、技術的な工夫の
　余地等）に応じて、次の方式から選択する。

　　〈簡易型Ⅰ型〉

　　技術的な工夫の余地が小さい工事で、発注者の示す仕様に基づき適切
　かつ確実な施工を求める場合について適用する。

　　評価は、企業の同種工事の施工実績や工事成績、配置予定技術者の能
　力、企業の社会性・地域性など、あらかじめ定める評価項目による技術
　力と入札価格とを総合的に評価する。

　　〈簡易型Ⅱ型〉

　　技術的な工夫の余地が小さい工事で、施工上特に配慮が必要とされる
　条件等がある場合について、発注者の示す仕様に基づき適切かつ確実な
　施工を求める場合について適用する。

　　評価は、簡易型Ⅰ型で求める評価項目の内容に加え、設定項目に対す
　る簡易な施工計画による技術力と入札価格を総合的に評価する。

　　〈標準型〉

　　技術的な工夫の余地が比較的大きい工事において、発注者が求める工
　事内容を実現するため、特別な安全対策、環境の維持、交通の確保、工
　期の短縮等、施工上の特定の課題や社会的な要請に対する施工上の工夫

などの技術提案を求める場合に適用する。

　評価は、簡易型Ⅰ型で求める評価項目の内容に加え、求める技術提案の内容、技術提案に係る施工計画、配置予定技術者の能力等による技術力と入札価格を総合的に評価する。

○大阪府の例

大阪府府民センター総合建物管理業務委託

評価項目		評価点		評価内容
1	価格評価	50		価格を評価
2	技術的評価	研修体制履行体制品質保証取組	14	4	技術向上のための研修制度の設置、前年度の研修実績（2点）、契約期間中の研修計画（2点）
				4	適正な運営を確保するための仕様に対応した作業計画表の確認（2点）作業員配置計画（1点）
				6	業務実施体制の整備状況（1点）苦情処理体制（2点）自主検査体制（6点）
3	公共性評価	就労困難者障害者の雇用	30	15	就職困難者の採用予定、同困難者の採用実績（15点）
				8	知的障害者の雇用、支援体制の有無、及び内容と今後の取組と提案（5点）
				7	障害者の雇用率（法定率7％で7点）なしは0環境への取組ISO取得者が6点
		環境問題への取り組み	6	6	再生品の使用2点低公害車の導入5ポイント以上で1点

　なお、大阪府のその他の例は、資料11を参照。

○東京都の例

　資料8「東京都設計等業務委託総合評価競争入札実施要綱」（改正平成22年1月4日）を参照。

(7)　**同価入札に対する落札者の決定方法**

　落札となるべき同価の入札をした者が2人以上あるときは、直ちに、くじを引かせて落札者を決めなければならない（自治令167条の9）。この場

合、くじを引く順番については、当事者間の了解を得る必要がある。

　同価入札者はくじを引く義務を有するものであるから、落札者の決定において、入札者はくじを引くことを辞退することはできない（昭和38年2月19日自治省通知）。

　くじを引かない者があるときは、当該入札事務に関係のない職員に、代わりにくじを引かせるものとしている（自治令167条の9）。

　以上により、くじにより落札者を決定したときは、その旨を入札書に記入し、くじを引いた入札者又は職員に記名押印させる。

　なお、同価の者が数名以上いる場合は、談合の可能性がある場合もあるので、注意が必要である。仮に、談合の可能性のあると推定できる場合は、落札者は後日決定し通知する旨話して、入札を終了する。談合が明らかに認められるような場合には入札手続を中止し、その旨を宣言する。また、それらの入札が公共工事に係るものであるときは、入札等契約適正化法に基づいて、公正取引委員会に談合の恐れがある旨の通告をする。

第**5**章

指名競争入札

1　指名競争入札の意義

　指名競争入札による契約とは、自治体があらかじめ登録した名簿から資力、信用、その他について適当と認める複数の相手方を選択し、それらの者をして入札の方法による競争をさせ、その入札者のうちから、自治体に最も有利な条件を提供した者を選んで、これを相手方として契約する方法をいうものである。

　自治体の売買、貸借、請負、その他の契約は、一般競争入札の方法により締結することを原則とし、指名競争入札に付することができるのは、自治令の規定する要件のいずれかに該当する場合に限られる。

　しかし、現実には、多くの自治体で原則である一般競争入札よりも指名競争入札を原則としてきた経過がある。それは、一つは、自治体予算をできるだけ地元業者に還元して地域の経済振興を図りたいとする意図、他の要因として、あらかじめ一定の資格要件に基づいて、登録している者を落札者として選定すれば契約の履行・能力が担保されるという点にあった。

　ところが、平成の初めころから各地の談合が指摘され、指名競争入札は談合を起こしやすい不適正な入札制度として、非難を浴びることとなった。一つには、いわゆる官製談合と言われる指名過程の不透明、他はあらかじめ格付け登録された業者名が明らかなことから簡単に談合が可能となってしまう点に制度の欠陥が指摘された。そこで、現在は、指名方法の改善を図ったり、指名競争の採用そのものを廃止する自治体も登場している。ちなみに、平成8年の秋田県を初めとして、多くの県が、また、同年の秋田市を初めとして、多くの市町が指名競争入札の廃止を宣言している。

　なお、平成18年に全国知事会の申し合わせ事項として、都道府県においては1千万円以上の契約は指名競争入札によらないものとしている。

2　指名競争入札の要件

　自治法は、指名競争入札は例外であるとして、自治令167条の定める要

件がある場合に限って、その採用を認めている。自治令の規定する要件とは次のとおりである。

(1)　工事又は製造の請負、物件の売買その他の契約でその性質目的が一般競争入札に適しないものをするとき。

　一般競争入札に適しない場合とは、工事の施行が特殊な技術を要し、契約の相手方をある程度特定している場合、あるいは特殊の構造もしくは品質を要する工事、製造もしくは物件の買入であって、監督又は検査が著しく困難であり、契約者の技術に依存して履行の完全な確保を期する必要がある場合等をいうものである。

　従前は、特定の技術については、一定の業者しか施工できないことも多かった。しかし、技術革新が進み、各分野でIT化が可能となると、多くの技術が一般化し、従来の業者が必ずしも技術的に優位であり、当該業者が本件要件により指名されるべきとはいえなくなってきている。むしろ、自由な競争により、当該技術を競わせる入札方式の方が、より最適の技術の採用が可能になり、結果としてもより経済的な場合が多く生じてきている。

(2)　その性質又は目的により競争に加わるべき者の数が一般競争入札に付する必要がないと認められる程度に少数である契約をするとき。

　契約の性質から見て、特殊な分野においては、競争に加わるべき者が少数であるということもあり得る。この場合、指名競争入札が適当であるとしたものである。

　どのような分野がこれに該当するものであるのか、常に検証が必要である。新しいベンチャー企業等も早期に参入できるように指名業者の登録受付を年1回定められた時期として固定するのではなく、年間随時登録とい

う方法をとることが必要である。そのことによって、この規定の趣旨は活かされるであろう。

---
(3)　一般競争入札に付することが不利と認められるとき。

本条でいう不利と認められるときは、次のような場合が考えられる。

①　関係業者が通謀して、一般競争入札の公正な執行を妨げることとなるおそれがあること。ここでの関係業者の通謀を談合というが、皮肉なことに一般競争入札より指名競争の方が一般競争入札より談合が多いという実態がある。そうすると、このような要件自体自己矛盾といわれるかも知れない。

②　契約上の義務違反があるときは、自治体の事業に著しく支障をきたすおそれがあること。

契約の確実な履行の期待ということが、指名競争入札の一つの特色である。それは、指名する事業者には、資格審査をした結果としての能力に応じた格付けがされており、指名された事業者は、当該契約実行の能力と技術を有していると考えられるからである。

3　参加資格

指名競争入札の参加者の資格については、一般競争入札の場合の欠格要件がそのまま準用されるものである（自治令167条の11）。さらに、指名競争入札の場合は、この準用される欠格要件のほか、さらに契約の相手方として最適の要件を具備した者を選定するため、自治体の長が定める契約について、あらかじめ、契約の種類及び金額に応じ、指名競争入札に参加する者に必要な資格を必ず定めなければならないとされている。

⑴　**当該入札に係る契約を締結する能力を有しない者及び契約事故者の制限**

この要件は、一般競争入札の自治令167条の４の規定がそのまま準用さ

れている（自治令167条の11第１項）。

(2)　長の定める資格要件

　長は、指名競争入札に参加する者に必要な資格として、工事又は製造の請負、物件の買入れその他当該普通地方公共団体の長が定める契約について、あらかじめ、契約の種類及び金額に応じ、自治令167条の５第１項に規定する事項を要件とする資格を定めなければならないとされている（自治令167条の11第２項）。

　この規定に基づいて、各自治体は競争入札参加資格者登録要綱等を規定している。各自治体の要綱等を検討すると、その内容として、競争入札の資格要件として、一般・指名双方の資格要件を決定して規定しているものが多い。しかし、はっきりいってあまり具体的ではなく、おざなりといわざるを得ないものが多いのは残念である。

　そこで、筆者が調査した中で資格要件の例として、参考とすべき例に思われた湯沢市の競争入札参加資格者登録要綱を以下に掲載する。

○湯沢市物品購入等競争入札参加資格者登録要綱　　　　（平成17年３月22日）

（趣旨）

第１条　この告示は、湯沢市財務規則（平成17年湯沢市規則第49号）第101条第２項及び第112条の規定に基づき、市が発注する物品の買入れ、製造の請負、修繕及び改造並びに市が行う物品の売払い、役務の提供に係る一般競争入札及び指名競争入札（以下「競争入札」という。）に参加する事業者の登録に関し必要な事項を定めるものとする。

（競争入札参加者の資格）

第２条　競争入札に参加することができる事業者は、次の各号のいずれにも該当する者とする。

⑴　地方自治法施行令（昭和22年政令第16号）第167条の４（同令第167条の11第１項において準用する場合を含む。）の規定に該当しない者

⑵　引き続き１年以上同一の事業を営んでいる者

---

(3)　市町村税、都道府県税及び国税（以下「市町村税等」という。）に滞納がない者

(4)　営業に関し、許可、認可等を必要とする場合において、これを得ている者

(5)　申請者、申請者の役員又は申請者の経営に事実上参加している者が、湯沢市暴力団排除条例（平成24年湯沢市条例第2号）第2条に規定する暴力団又は暴力団員でないこと。

（登録申請の受付期間）

第3条　登録申請の受付期間（以下「正規の受付期間」という。）は、市長が別に定める。ただし、正規の受付期間経過後において市長が必要と認めるときは、登録申請を受付することができる。

（登録の申請）

第4条　登録をしようとする事業者は、物品購入等競争入札参加資格審査申請書（様式第1号。以下「申請書」という。）に次に掲げる書類を添付し、市長に提出しなければならない。

(1)　資格審査調書（様式第2号）

(2)　納入実績調書

(3)　法人にあっては法人の登記事項証明書、個人にあっては営業の事実を証する書類及び身分証明書

(4)　営業所一覧表

(5)　営業に関し、認可、許可等を必要とする業種にあっては、当該許可、認可等を受けていることを証する書類又はその写し

(6)　申請時点において、市町村税等に滞納がないことの証明書

(7)　入札、契約等の権限を支店長等に委任する場合にあっては、委任状

(8)　前各号に掲げるもののほか、市長が必要と認める書類

（競争入札参加資格者の決定及び登録）

第5条　市長は、前条の規定により申請をした者が、第2条に規定する資格を有すると認めるときは、物品等入札参加資格者名簿（以下「名簿」という。）に登録するものとする。

2　市長は、第2条に規定する事業者と認めないときは、当該事業者にその旨を通知するものとする。

3　市長は、名簿に登録された事業者が、第2条に規定する資格を失ったと認めるときは、当該事業者を名簿から除外することができる。この場合において、当該事業者に対しその旨を通知するものとする。

（登録の有効期間）

第6条　登録の有効期間は、2年間とする。ただし、第3条ただし書の規定により正規の受付期間経過後に受付した登録の有効期間は、当該登録の日から正規の受付期間における登録の有効期間の満了日までとする。

（登録事項の変更又は廃業等の届出）

第7条　名簿に登録されている事業者は、申請書及び添付書類の記載事項について変更があったときは、物品購入等競争入札参加資格審査申請書記載事項変更届（様式第3号）により届け出しなければならない。

2　名簿に登録されている事業者は、事業を休止し、又は廃業するときは、速やかに事業休止（廃止）届（様式第4号）により届け出しなければならない。

（その他）

第8条　この告示に定めるもののほか、物品購入等競争入札参加資格者登録に関し必要な事項は、市長が別に定める。

4　入札参加者の指名等

(1)　被指名者の範囲

　登録業者を規模別、業種別に格付けして、そのうちの業者から適格者を指名する。

　何名を指名するかについては、財務規則や契約規則で何名以上と要件を決めている場合が多い。

例　横須賀市契約規則

（入札参加者の指名等）

第18条　市長は、指名競争入札により契約を締結しようとするときは、競争入札参加有資格者名簿に登録されている者のうちから5人以上の者を当該指名競争入札に参加できる者として指名するものとする。ただし、特別の事情があるときは、この限りでない。

(2)　指名の方法→指名選考委員会方式

　指名の方法については、条例や規則に別段の規定を設けていないところが大半である。しかし、この指名が恣意的に行われ、官製談合の基になっているとの批判もあることからその手続の明確化を図る団体も増えている。

　その一つの方策として、指名選考委員会方式がある。これはあらかじめ一定数以上の指名候補を選出し、その中から委員会で検討して、当該契約の適任者を要綱の規定する数以上の者を指名するものである。この方式の特色は、指名選考委員会で対象業者として議論されない以上、その者が指名されることはないということである。その点では、指名制度の公正性は確保できるが、その妥当性についてまでは保証できないのが現状である。妥当性の内容を保証することが困難な理由は、委員会に適任の委員の選出をすることが難しく、委員に選出された者が、当該契約に適格な業者は誰かの知識を共有していないのが実情であるからである。なお、委員会が指名要件を決定している例があるが、それは長の権限であり、また、資格要件を決めた場合は、公告しなければならない（自治令167条の11第3項）。

(3)　指名通知

　前記委員会等により指名業者が決定すると本人宛に入札に参加するよう通知する。この通知に対して、登録業者は入札参加の辞退が自由にできる。したがって、指名業者選定の際、相当数選定しておかないと規則の一定要件を満たさない場合が生じる。この点は十分注意することが必要である。

なお、辞退に対して、ペナルティを課すことは不適法である。相手方がその指名を受けるか辞退するかの自由は、営業の自由の問題であるからである。現実には、談合の禁止が談合による指名辞退と繋がっていることが多く、契約担当者として苦慮すべきところではある。

そこで、指名通知に一定期間内の指名の辞退届けの提出を義務づけておくと良い。そして、一定期間内に指名の辞退届けを提出しないで、入札に参加しなかった者には、一定期間の入札参加の停止を決定することとしたい。

(4) 一般競争入札に関する規定の準用等

次の一般競争入札に関する規定は、指名競争入札の場合に準用する。

① 入札の無効（自治令167条の2第2項）

② 一般競争入札の入札保証金（自治令167条の3）

③ 入札保証金の免除

④ 入札保証金に代わる担保

⑤ 入札保証金の還付

⑥ 予定価格の決定

⑦ 予定価格調書の作成等

⑧ 入札・開札

⑨ 落札通知

5 競争入札の改善

(1) 指名基準の策定・公表

指名競争入札では指名業者の指名過程が透明でない、官製談合の温床になっているのではないかという批判があった。そこで、指名過程の透明性確保の手段として、前述の指名選考委員会等の方法も採られてきている。まずは、指名過程そのもの、特に選考基準を事前に明らかにしておくことが必要である。そのことによって業者指名に職員等の恣意性が入らず公平であるといわれるようにしたい。

　そこで、各自治体では指名基準を策定し、公表し、その基準に従って指名することによって指名過程の透明性を確保しようとしている。

　比較的新しく制定されたものであるので、日高町の指名競争入札参加者の指名基準を例示する（資料9参照）。ここでは、一般的基準として、経営内容、法的適性、技術的適性、経営規模的適性を規定し、さらに事業別に基準を設け、具体的に工事の請負契約、物品の購入契約又は林産物の売払契約ごとの基準を設定している。

(2)　入札結果等の公表

　公共工事の入札及び契約の適正化の促進に関する法律8条（下記）の規定により、公共工事については、入札結果等の公表が義務付けられている。その他の契約内容についても、説明責任の観点から、一定以上の契約内容に前記法と同様に公表することが望ましい。

第8条　地方公共団体の長は、政令で定めるところにより、次に掲げる事項を公表しなければならない。

(1)　入札者の商号又は名称及び入札金額、落札者の商号又は名称及び落札金額、入札の参加者の資格を定めた場合における当該資格、指名競争入札における指名した者の商号又は名称その他の政令で定める公共工事の入札及び契約の過程に関する事項

(2)　契約の相手方の商号又は名称、契約金額その他の政令で定める公共工事の契約の内容に関する事項

---

(3)　多様な入札・契約方式の活用

①　制限つき一般競争入札

　一般的な入札参加資格に、加重的に、当該入札に参加する者の事業所所在地又はその者の当該契約に係る工事等についての経験若しくは技術的適性の有無等に関する資格を定めることができる（自治令167条の5の2）。

　そこで、多くの自治体は、制限付き一般競争入札に関する要領を定め、実施している。

　例として、石川県の要領を別紙に掲載する（資料10参照）。

②　公募型指名競争入札

　指名競争入札に当たって、自治体が工事の内容など当該契約の目的物を示して、当該工事等に関する技術資料提出の公募を行い、提出された資料と当該業者の施工実績などの検討や受注意欲の確認を行い、その結果に基づいて当該指名競争入札に参加する者を指名して、指名競争入札を行うものである。

　業者の指名を行う前に入札参加者の意欲を確認するとともに、簡易な技術資料の提出を求めることで工事の実施についての技術的適性度を評価して行う。

　公募型の場合は、指名といっても公募した者のうちから指名するということである。したがって、従来の指名の場合と異なって、当初に指名通知は届かないから、業者自らが公募に応じなければならない。

　そこで、それらの手順を示すと次のようである。

ア　発注者は入札公告等により業務等の概要や入札参加条件を示す。

イ　入札公告等の内容について業者自らが確認する。

ウ　入札公告等で求められている条件を満たしているかどうかについては業者自らが判断する。通常の指名の場合のように発注者が判断するのではない。

エ　設計図書や仕様書等を閲覧する。

オ　その入札へ参加するかどうかを業者自らの意思で決定する。この点について、発注者は関与しない。

カ　参加を希望する場合には、必要な書類をそろえて入札参加申込手続をとる。

③　技術情報募集型指名競争入札

　技術情報募集型指名競争入札は、有資格請負業者等を広く対象とし

て、技術的特性をより的確に評価し、かつ、良質な施工を確保するために行うものである。

　その指名手続として、公告によって、有資格請負業者等に対し、指名競争入札に参加するように呼びかける。次いで、当該応募者に対し、施工計画書等の必要な書類を提出させる。発注者は、提出された書類から有資格請負業者の技術的特性及び施工方法を的確に評価し、そのうちから一定の業者を指名する。指名された業者は一般の指名競争入札と同様に入札の実施により落札者を決定する。

④　施工方法等提案型指名競争入札

　施工方法等提案型指名競争入札は、技術の進展が著しい分野において、施工方法等に関する有資格請負業者等の新技術の独自提案を採用することにより良質な施工を確保するため行うものである。

　まず、施工方法等提案型指名競争入札の参加について公告し、公告により参加した者に対し、技術的特性及び施工方法を的確に評価するために必要な書類を提出させる。発注者は、提出された書類から適切な業者を選定して、一定数の業者を指名し、その指名を受けた業者が入札に参加する。

⑤　公共建築 VE

　一般的に、VE とは、最低の総コストで、必要な機能を確実に達成するため、組織的に、製品、またはサービスの機能の研究を行う方法をいう（社団法人日本バリュー・エンジニアリング協会）。

　VE の考え方を建設業に当てはめると「デザイン、品質及び管理・保守を低下させることなく、最小のコストで必要な機能を達成するために、建設物、工法、手続、時間等の改善に注がれる組織的な努力」といえる（旧建設省パンフレットより）。

　建築工事における VE の種類は次のとおりである（「公共工事の品質確保等のための行動指針」平成10年 2 月旧建設省—より抜粋）。

ア　設計VE

　設計 VE とは、設計の質を向上させるために、設計段階において目的物の品質を確保し、ライフサイクルを視野に入れて工事費を含むコストを縮減するための検討手法をいう。

　具体的に設計 VE に取り組んでいる秋田県の例で見ると次のようである。

　㋐　取組の具体的内容

・設計段階でコスト縮減を追求する「設計 VE」を導入することとし、新規事業化を予定する箇所等については、事業ごとに組織横断的な専門の検討チーム「設計 VE チーム」を結成し、ワークショップ形式により、集中的に設計の改善を検討するものである。

・また、平成17年度は「準備期」として「設計 VE に関する情報収集」、「職員研修（人づくり）」、「ガイドラインの策定（ルールづくり）」、「設計 VE の試行（実績づくり）」を行った。

・平成18年度からの３年は「導入期」と位置づけ、庁内に「設計 VE 推進専門部会（組織づくり）」を設置し、公共事業部門が一体となって推進に取り組む体制とした。

・さらに、設計 VE アドバイザーを導入して、コスト縮減の成果をあげるとともに VE スキルの職員への移転（風土づくり）を目指している。

・設計 VE アドバイザーは、検討チーム（設計 VE チーム）のリーダーを担っている。

　㋑　取組の効果

・設計 VE を導入する効果としては次の事項が挙げられる。

　ⅰ　県民が必要とする機能を確保しながら効果的にコスト縮減が達成できる。

　ⅱ　コスト以外の課題解決（環境・工期短縮等）にもつながる。

　ⅲ　職員の技術力向上や技術の継承にもつながる。

　ⅳ　「価値を高めて行こう」とする取り組みであり、職員の意識改

革・組織風土改革にもつながる。

・平成17年度に1件、平成18年度に4件の試行を行った結果、道路規格、設計速度、ルート等の見直しにより約2割〜6割のコスト縮減となる提案をした。

⑦　取組中の課題・問題点

・設計VEの実施手法は確立されたものがあるが、公共事業部門への適用はここ数年のことで、公共事業の設計を検討対象とする設計VEの実施技術（スキル）を習得した者はまだ少ない。

・設計VEの正しいやり方を効率的・効果的に導入することが課題である。

・このため、秋田県ではVEの専門家を活用する「設計VEアドバイザー」制度を導入し、VEスキルの吸収に努めている。

㋓　住民の反応・評価

・県が新しい手法を導入して公共事業のコスト縮減に取り組んでいるということで、新聞各社に取り上げられるなど、注目されている。

㋔　今後の課題

・設計VEは、公共事業部門における「設計の改善」を目的として展開を図っているが、VEはハード事業のみならずソフト事業にも適用することが可能である。

・1つの事例として、「観光プロジェクトの検討」において、目的が明確でなく、議論が発散してしまった時に、VEの考え方に基づき、検討目的の計画化を図ったという実績があり、様々なソフト事業に展開できる。

・このため、今後は、より多様な部門において活用・展開を図り成果をあげることが課題である。

㋕　今後取り組む自治体に向けた助言

・設計VEに取り組む際には、次の5つの点に留意して取り組むことが重要である。

i　人づくり（教育・研修・トップの理解）

ii　風土づくり（VE が組織のカルチャーとして浸透）

iii　ルールづくり（ガイドライン）

iv　実績づくり（試行により効果を確認）

v　組織づくり（持続的に取り組める体制）

イ　入札時 VE（価格競争型：技術提案型競争入札方式）

　発注者が入札時に建設業者の技術提案を審査し、入札参加資格の確認又は指名業者の選定を行う入札方式である（この方式には、一般競争入札方式と公募型指名競争入札方式がある。）。

　すなわち、「入札時 VE」とは、建設工事の入札前に、入札参加希望者から、発注者が図面及び仕様書等に参考として示した施工方法等（以下、「標準案」という。）に対して、コスト縮減が可能となる施工方法等に関する技術提案（以下、「VE 提案」という。）を受け付ける。参加者は、発注者の事前審査で承認された場合、その VE 提案を基に入札することができる方式をいう。

　審査にあたっては、次の事項を評価するものとし、必要に応じて、提案者から提案内容についてのヒアリングを行う。

i　VE 提案

　施工の確実性、安全性及び標準案と比較した経済性等

ii　標準案

　施工の確実性、安全性等

iii　一の建設業者が VE 提案及び標準案を併せて提出した場合において、VE 提案が適正と認められるときは、標準案の審査は行わないものとする。

ウ　契約後 VE

　契約の際、施工過程において VE 提案を行い技術革新を約束するものである。この方式は、和歌山県が、平成16年8月から、多様な契約方式の一つとして採用している。和歌山県の例による契約後 VE 方式

は、建設工事のコスト縮減を図るため、契約締結後に目的物の機能等を低下させることなく請負代金額の低減を可能とする施工方法等に係る技術提案を義務づけるとするものである。

　この契約後 VE 方式は、施工業者の技術提案が採用されれば、請負代金額の縮減額の2分の1はVE管理費として減額をしないとともに、工事成績評定において加点対象とされる。しかし、一方で、技術提案をしない業者に対しては制裁措置（指名停止1か月）がある。

⑥　設計施工一括発注方式

　設計施工一括発注方式（価格競争型）とは、入札参加者から入札時に設計及び施工に関する技術提案を受け、審査により妥当と認められた設計・施工提案の提出者から請負業者を選定する方式である。

　佐賀県は、平成17年8月から、設計と施工を一括して同一の請負業者に発注する設計施工一括発注方式（価格競争型）の試行導入を開始した。この一括発注することにより工期の短縮等を図ることができる等の利点を有している。

第6章

随意契約

1　意　義

　随意契約とは、自治体の契約担当者が任意に選定した特定人を相手方と
して締結する契約をいう。自治令の要件を充たす場合にだけ認められる。

　随意契約のメリットデメリットを検討すると次のようである。

　・メリット‥‥契約費用の負担が少ない、信頼できる者を相手にできる

　・デメリット‥‥相手方選定の不透明さ、恣意性、相手方の固定化

　随意契約の一番の問題点は、その契約価格が高止まりであるということ
である。すなわち、随意契約は競争性が働かないため、業者の示す契約内
容に従いがちである。そのことは、随意契約から競争入札にしたら大幅に
価格が下がったとの報告が相次いでいる。このことから、随意契約の見直
しが問題とされなければならない状況にある。

　しかも、随意契約の法定要件を欠いているにもかかわらず、随意契約を
締結している例も多く見受けられる。この点、国においても、随意契約の
8割弱が違法であったとして、その改善に向けて、平成18年8月25日付財
務省通達が出された。なお、国の場合の随意契約の相手方は当時の社団法
人や財団法人であった。しかし、平成18年の改正民法の施行により民法特
殊法人とされ、その後、平成25年11月末で消滅した。

2　要　件

(1)　予定価格が次表の契約の種類及び金額の範囲内で規則で定める額を超えないとき（自治令167条の2第1号）

工事又は製造の請負	都道府県及び指定都市 市町村（指定都市を除く）	250万円 130万円
財産の買い入れ	都道府県及び指定都市 市町村	160万円 80万円
物件の借り入れ	都道府県及び指定都市 市町村	80万円 40万円

財産の売払い	都道府県及び指定都市 市町村	50万円 30万円
物件の貸付		30万円
前号に掲げるもの以外のもの	都道府県及び指定都市 市町村	100万円 50万円

上記の要件の適用上の注意点として次の点が上げられる。

① 場所、時期及び種類を大体において同じくするもので、現に契約をしようとする分量と契約を必要とすることが予定されるものを一括して、これを1件として算出された予定価格の金額でなければならない（1件1契約）。

② 年度内に数回同一の契約をする必要があることが明らかであるにもかかわらず、これをことさらに限度額以下の少額の金額に分割して随意契約とすることは不当である。

③ 単価契約の場合、その期間及び予定数量が存するはずであるから、その予定数量に基づく概算金額が限度額を超えるかどうかによって決定すべきである。

④ 予定価格が限度額を超えない財産の売払い又は財産の貸付けのように収入の原因となる契約については、実際に締結された契約の金額が限度額を超えることとなっても、別段支障はない。

⑤ 契約が貸借の契約であるときは、その予定価格は、予定賃貸借料の年額又は総額を指すものである。

以上の注意点のうち、分割発注について、安易に随意契約の締結が可能であることからその禁止について従前から厳しく指摘されてきたところである。しかし、未だ十分に改善されていない。

コラム　**分割発注と随意契約**

　　自治令167条の 2 第 1 号は、予定価格が一定金額以下の契約は、随意契約で
できる旨規定している。そこで、当該契約の内容を分割して発注すれば、随
意契約の要件に該当することとなる。そのため、脱法行為である分割発注が
後を絶たず、監査の指摘事項となっている。この点について、次のような例
が報道されているので、その内容のまま、掲載する（平成22年 2 月21日　京
都新聞）。

　　京都市が備品などを購入する際、競争入札を避けようと随意契約が可能な
10万円以下に契約を分割する発注が、2005年度以降少なくとも14部署で行わ
れていたことが市監査委員などの調べで20日、分かった。市の規則に反した
不適切な行為で、これまで何度も同委員から改善を求められているが、「手間
がかかる」などを理由に改善されていないケースも多いという。

　　地方自治法施行令は、随意契約の条件を「地方公共団体の規則で定める額
を超えない場合」と定めている。京都市では現行は50万円だが、昨年10月ま
では10万円に設定、10万円を超える契約は原則として市契約課が競争入札を
行ってきた。

　　監査委員などの調査によると、少なくとも本庁内の各局や区役所など14部
署で、手提げ袋の購入契約（23万円）を 3 回に分けたり、書類ファイル（10
万 9 千円）を 9 万 9 千円と 1 万円の 2 回に分けるなど10万円を超える物品購
入契約を複数回に分割し、任意の業者と随意契約を結んでいたケースがあっ
たことが判明。同じ日に同一業者に分割発注するケースも見られた。

　　市契約課は「市全体の分割発注の数や10万円以下の契約数は把握していな
い」としているが、市関係者によると、分割発注の手法は20年以上前から続き、
特に価格が20万円以下のケースでは頻繁に用いられていたという。

　　物品契約を担当したことのある市職員は「10万円を超えて競争入札を行う
のは手間と時間がかかる。分割発注は入庁以来、テクニックとして教えられ
た」と明かす。

　　監査委員は05年度以前も市に改善するよう度々指摘し、契約課も契約の透
　明性を図るため、昨年11月から随意契約の複数見積もりを義務付けた。しか
　し、分割発注を明確に禁止した規則はなく、早急な改善策が求められそうだ。

⑵　その性質又は目的が競争入札に適しないとき

　自治令167条の 2 第 1 項 2 号は、不動産の買入れ又は借入れ、普通地方
公共団体が必要とする物品の製造、修理、加工又は納入に使用させるため
必要な物品の売払いその他の契約でその性質又は目的が競争入札に適しな
いものをするときは、随意契約が締結できる旨、規定している。しかし、
自治令のこの規定による基準は抽象的であり、本項を適用する場合、どの
ような要件を必要とするのか、その該当性に関する判断を具体的に誰が行
うべきかという問題がある。
　この点について、最高裁は次のように述べて、契約担当者の裁量を比較
的緩やかに認めた判断を示している。

　1　地方自治法234条 1 項は「売買、貸借、請負その他の契約は、一般競争入札、
　　指名競争入札、随意契約又はせり売りの方法により締結するものとする」とし、
　　同条 2 項は「前項の指名競争入札、随意契約又はせり売りは、政令で定める場
　　合に該当するときに限り、これによることができる」としているが、これは法
　　が、普通地方公共団体の締結する契約については、機会均等の理念に最も適合
　　して公正であり、かつ、価格の有利性を確保し得るという観点から、一般競争
　　入札の方法によるべきことを原則とし、それ以外の方法を例外的なものとして
　　位置づけているものと解することができる。そして、そのような例外的な方法
　　の一つである随意契約によるときは、手続が簡略で経費の負担が少なくてす
　　み、しかも、契約の目的、内容に照らしそれに相応する資力、信用、技術、経
　　験等を有する相手方を選定できるという長所がある反面、契約の相手方が固定
　　化し、契約の締結が情実に左右されるなど公正を妨げる事態を生じるおそれが
　　あるという短所も指摘され得ることから、自治法施行令167条の 2 第 1 項は前

記法の趣旨を受けて同項に掲げる一定の場合に限定して随意契約の方法による契約の締結を許容することとしたものと解することができる。

2　同項1号（現行法では2号）に掲げる「その性質又は目的が競争入札に適しないものをするとき」とは、原判決の判示するとおり、不動産の買入れ又は借入れに関する契約のように当該契約の目的物の性質から契約の相手方がおのずから特定の者に限定されてしまう場合や、契約の締結を秘密にすることが当該契約の目的を達成する上で必要とされる場合など、当該契約の性質又は目的に照らして競争入札の方法による契約の締結が不可能又は著しく困難というべき場合がこれに該当することは疑いがないが、必ずしもこのような場合に限定されるものではなく、競争入札の方法によることが不可能又は著しく困難とはいえないが、不特定多数の者の参加を求め競争原理に基づいて契約の相手方を決定することが必ずしも適当ではなく、当該契約自体では多少とも価格の有利性を犠牲にする結果になるとしても、普通地方公共団体において当該契約の目的、内容に照らしそれに相応する資力、信用、技術、経験等を有する相手方を選定し、その者との間で契約の締結をするという方法をとるのが当該契約の性質に照らし又はその目的を究極的に達成する上でより妥当であり、ひいては当該普通地方公共団体の利益の増進につながると合理的に判断される場合も、同項1号（現在は2号）に掲げる場合に該当するものと解すべきである。

3　右のような場合に該当するか否かは、契約の公正及び価格の有利性を図ることを目的として普通地方公共団体の契約締結の方法に制限を加えている前記法及び施行令の趣旨を勘案し、個々具体的な契約ごとに、当該契約の種類、内容、性質、目的等諸般の事情を考慮して当該普通地方公共団体の契約担当者の合理的な裁量判断により決定されるべきものと解するのが相当である（最高裁（2小）昭和62年3月20日判決・判例時報1228号72頁）。

前記最高裁判決は、自治体の締結する契約について、一般競争入札の方法が原則的な方法として規定されていることについて、「機会均等の理念に最も適合して公正であり、かつ、価格の有利性を確保し得るという観点」

によるものとしている。すなわち、自治体の契約に関しては、当然のこと
として、公正の確保、経済性の確保、参加の機会の均等という三つの要請
による必要があることが認められている。

　そして、随意契約は、法制度上、一般競争入札と対置して最も例外的な
ものとして位置づけられている。それは、判決も述べるように、契約の相
手方が固定化し、契約の締結が情実に左右されるなど公正を妨げる事態が
生じるおそれがあるという短所が指摘されるからである。しかるに、自治
令167条の2第2号は、随意契約の方法により得る場合を抽象的に規定し
ており、その規定を具体化するについては、その事由を厳格に解すべきも
のというべきであろう。そうした点からすれば、前記最高裁判決は、契約
担当者に対する裁量判断を広く認めすぎているといえるであろう。その理
由は、自治令の規定があまりにも抽象的な規定になっているからである。
国の場合は、従前、予算、決算及び会計令で、具体的な基準を規定してい
た。この基準は、現在削除されているが参考になる。各自治体においては、
規則によって、さらに具体的な基準を設けるべきであろう。そこで、前記
改正前の会計令を参考にして、次のような基準を例示しておく。

①　不動産の買入れ・借入れ

　　自治令167条の2第1項2号の「不動産の買入れ又は借入れ……物品
　の売払い」は、「その他の契約でその性質又は目的が競争入札に適しな
　いもの」の例示である。

②　物品製造等のための物品売払い契約

③　その他の契約で、その性質又は目的が競争入札に適しない契約

　　競争入札に適しない場合に該当するものとしては、おおむね次のよう
　な場合が考えられる（改正前の予算、決算及び会計令参照）。

　　ア　契約の目的物が特定の者でなければ納入することができないもの
　　　であるとき

　　イ　契約上特殊の物品であるため、若しくは、特別の目的があるため
　　　買入れ先が特定され、又は特殊の技術を必要とするとき

ウ　契約の目的物が代替性のない特定の位置、構造又は性質のものであるとき

エ　競争入札に付した場合は、特に地方公共団体において必要とする物件を得ることができないとき

オ　地方公共団体の行為を秘密にする必要があるとき

カ　外国で契約を締結するとき

キ　国又は地方公共団体その他公共団体、特別の法律により設立された法人又は公益法人から直接に物件を買い入れ、又は借り入れるとき

ク　試験のために工作製造をさせ、又は物品を買い入れるとき

ケ　運送又は保管をさせるとき

コ　農場、工場、学校、試験場その他これらに準ずるものの生産に係る物品を売り払うとき

サ　学術又は技芸の保護奨励のため必要な物件を売り払い、又は貸し付けるとき

シ　産業又は開拓事業の保護奨励のため必要な物件を売り払い、若しくは貸し付け、又は生産者から直接にその生産に係る物品を買い入れるとき

ス　公共用、公用又は公益事業の用に供するため必要な物件を直接に公共団体又は事業者に売り払い、又は貸し付けるとき

セ　非常災害があった場合において、罹災者又はその救護を行う者に災害の救助に必要な物件を売り払い、又は貸し付けるとき。

ソ　土地、建物又は林野若しくはその生産物を特別の縁故がある者に売り払い、又は貸し付けるとき

タ　事業経営上の特別の必要に基づき、物品を買い入れ若しくは製造させ、造林をさせ、又は土地若しくは建物を借り入れるとき。

チ　法令による価格の額の指定のある場合における当該物品の買入れ若しくは売払い、法令による賃貸料の額の指定のある場合における

当該物品の貸付け若しくは借入れ又は法令による加工賃の額の指定

のある場合における当該物品の加工について契約をするとき

⑶　**次に掲げる施設等から物品を購入するとき（自治令167条の2第1項**
3号）

①　障害者の日常生活及び社会生活を総合的に支援するための法律（平成
17年法律第123号）5条11項に規定する障害者支援施設（以下この号に
おいて「障害者支援施設」という。）、同条25項に規定する地域活動支援
センター（以下、この号において「地域活動支援センター」という。）、
同条1項に規定する障害福祉サービス事業（同条7項に規定する生活介
護、同条13項に規定する就労移行支援又は同条14項に規定する就労継続
支援を行う事業に限る。以下、この号において「障害福祉サービス事業」
という。）を行う施設若しくは小規模作業所（障害者基本法（昭和45年
法律第84号）2条1に規定する障害者の地域社会における作業活動の場
として同法18条3項の規定により必要な費用の助成を受けている施設を
いう。以下、この号において同じ。）若しくはこれらに準ずる者として
総務省令で定めるところにより普通地方公共団体の長の認定を受けた者
若しくは生活困窮者自立支援法（平成25年法律第105号）10条3項に規
定する認定生活困窮者就労訓練事業（以下、この号において「認定生活
困窮者就労訓練事業」という。）を行う施設でその施設に使用される者
が主として同法2条1項に規定する生活困窮者（以下、この号において
「生活困窮者」という。）であるもの（当該施設において製作された物
品を買い入れることが生活困窮者の自立の促進に資することにつき総務
省令で定めるところにより普通地方公共団体の長の認定を受けたものに
限る。）（以下、この号において「障害者支援施設等」という。）におい
て製作された物品を当該障害者支援施設等から普通地方公共団体の規則
で定める手続により買い入れる契約をするとき。

②　障害者支援施設、地域活動支援センター、障害福祉サービス事業を行
う施設、小規模作業所、高年齢者等の雇用の安定等に関する法律（昭和

46年法律第68号）41条1項に規定するシルバー人材センター連合若しく
は同条2項に規定するシルバー人材センター若しくはこれらに準ずる者
として総務省令で定めるところにより普通地方公共団体の長の認定を受
けた者から普通地方公共団体の規則で定める手続により役務の提供を受
ける契約又は母子及び寡婦福祉法（昭和39年法律第129号）6条6項に
規定する母子福祉団体が行う事業でその事業に使用される者が主として
同項に規定する配偶者のない女子で現に児童を扶養しているもの及び同
条3項に規定する寡婦であるものに係る役務の提供を当該母子福祉団体
若しくはこれに準ずる者として総務省令で定めるところにより普通地方
公共団体の長の認定を受けた者（以下、この号において「母子福祉団体
等」という。）から普通地方公共団体の規則で定める手続により受ける
契約をするとき。

③　普通地方公共団体の長は、前号の規定による認定をしようとするとき
　は、あらかじめ、当該認定に必要な基準を定め、これを公表しなければ
　ならない（自治法施行規則12条の2の3第1項）。

④　普通地方公共団体の長は、前項の基準を定めようとするときは、あら
　かじめ、二人以上の学識経験を有する者の意見を聴かなければならない
　（同2項）。

⑤　普通地方公共団体の長は、1項の基準に基づいて認定しようとすると
　きは、あらかじめ、二人以上の学識経験者の意見を聴かなければならな
　い（同3項）。

　　上記で物品等を調達する手続を定める普通地方公共団体の規則におい
　ては、具体的にはおおむね次のような内容が想定されるものであること。

　　ア　あらかじめ契約の発注見通しを公表すること
　　イ　契約を締結する前において、契約内容、契約の相手方の決定方法
　　　や選定基準、申請方法等を公表すること
　　ウ　契約を締結した後において、契約の相手方となった者の名称、契
　　　約の相手方とした理由等の契約の締結状況について公表すること

⑷　新商品の生産により新たな事業分野の開拓を図る者として総務省令で
　　定めるところにより普通地方公共団体の長の認定を受けた者が新商品と
　　して生産する物品を当該認定を受けた者から普通地方公共団体の規則で
　　定める手続により買い入れ若しくは借り入れる契約又は新役務の提供に
　　より新たな事業分野の開拓を図る者として総務省令で定めるところによ
　　り普通地方公共団体の長の認定を受けた者から普通地方公共団体の規則
　　で定める手続により新役務の提供を受ける契約をするとき（自治令167
　　条の２第１項４号）

①　普通地方公共団体の長が自治令167条の２第１項４号の規定により、
　　新商品の生産又は新役務の提供（以下、この条において「新商品の生産
　　等」という。）により新たな事業分野の開拓を図る者を認定するときは、
　　新商品の生産等により新たな事業分野の開拓を実施しようとする者（新
　　商品の生産等により新たな事業分野の開拓を実施する法人を設立しよう
　　とする者を含む。）に当該新たな事業分野の開拓の実施に関する計画（以
　　下、本条において「実施計画」という。）を提出させ、その実施計画が
　　次の各号のいずれにも適合するものであることについて確認するものと
　　する（自治法施行規則12条の３）。

　　ア　当該新たな事業分野の開拓に係る新商品又は新役務（以下、この
　　　　条において「新商品等」という。）が、既に企業化されている商品
　　　　若しくは役務とは通常の取引において若しくは社会通念上別個の範
　　　　疇に属するもの又は既に企業化されている商品若しくは役務と同一
　　　　の範疇に属するものであっても既存の商品若しくは役務とは著しく
　　　　異なる使用価値を有し、実質的に別個の範疇に属するものであると
　　　　認められること

　　イ　当該新たな事業分野の開拓に係る新商品等が、事業活動に係る技
　　　　術の高度化若しくは経営の能率の向上又は住民生活の利便の増進に
　　　　寄与するものと認められること

　　ウ　③エに掲げる事項が新商品の生産等による新たな事業分野の開拓

　　を確実に実施するために適切なものであること

② 　普通地方公共団体の長は、前項の規定により提出された実施計画（新
　役務の提供により新たな事業分野の開拓を実施しようとする者（新役務
　の提供により新たな事業分野の開拓を実施する法人を設立しようとする
　者を含む。）から提出された実施計画に限る。）を確認しようとするとき
　は、あらかじめ、当該実施計画が前項各号のいずれにも適合するものか
　どうかについて、二人以上の学識経験者の意見を聴かなければならない。

③ 　実施計画には、次に掲げる事項を記載させなければならない。

　　ア　新商品の生産等の目標

　　イ　新商品等の内容

　　ウ　新商品の生産等の実施時期

　　エ　新商品の生産等の実施方法並びに実施に必要な資金の額及びその
　　　調達方法

④ 　普通地方公共団体の長は、新商品の生産等により新たな事業分野の開
　拓を図る者として認定を受けた者が、①の規定により確認された実施計
　画を変更しようとするときは、当該変更後の実施計画が同項各号のいず
　れにも適合するものであることを確認しなければならない。

⑤ 　前項の規定により普通地方公共団体の長が新役務の提供により新たな
　事業分野の開拓を図る者として認定を受けた者に係る変更後の実施計画
　を確認しようとするときは、②の規定を準用する。

⑥ 　普通地方公共団体の長は、新商品の生産等により新たな事業分野の開
　拓を図る者として認定を受けた者が、①の規定により確認された実施計
　画（④の規定による変更の確認があったときは、その変更後のもの）に
　従って新たな事業分野の開拓を図るための事業を実施していないと認め
　るときは、その認定を取り消すものとする。

⑦ 　普通地方公共団体の長は、①の規定により新商品の生産等により新た
　な事業分野の開拓を図る者を認定する場合において、既に他の普通地方
　公共団体の長が同項の実施計画を提出させ確認しているときは、当該実

施計画の写しをもって同項の確認をすることができる。

⑧　前項の規定は、④の実施計画の変更について準用する。

　普通地方公共団体の長は、自治令167条の10の2第4項及び第5項（これらの規定を同令167条の13において準用する場合を含む。）の規定により学識経験者の意見を聴くときは、二人以上の学識経験者の意見を聴かなければならない（自治法施行規則12条の4）。

　地方自治法234条5項の総務省令で定めるものは、総務省関係法令に係る行政手続等における情報通信の技術の利用に関する法律施行規則（平成15年総務省令第48号）2条2項1号に規定する電子署名（電子情報処理組織を使用して契約内容を記録した電磁的記録を作成する場合においては、当該電子署名を行った者を確認するために必要な事項を証する同項2号に定める電子証明書と併せて送信されるものに限る）とする（自治法施行規則12条4の2）。

⑸　**緊急の必要によるとき**

　災害地震変動その他の客観的事由の急迫を要する場合であって、公告の期間等を短縮しても、なお競争入札に付する暇がないようなときである。

　緊急工事とは、災害又は事故等により緊急に発注しなければ市民生活に重大な支障を及ぼす工事であって、おおむね次に掲げるものをいう。

①　災害等に伴う緊急復旧工事として次に掲げるもの

　　ア　道路陥没に伴う工事

　　イ　がけ崩れ等に伴う工事

　　ウ　堤防、護岸等の損壊に伴う工事

　　エ　施設の破損に伴う工事

　　オ　その他天災等に伴う工事として市長が認めるもの

②　設備等の故障に伴う緊急復旧工事として次に掲げるもの

　　ア　電気設備の故障に伴う工事

　　イ　給排水設備の故障に伴う工事

　　ウ　ガス設備の故障に伴う工事

エ　その他、設備の故障に伴う工事として市長が認めるもの

③　災害等の防止のための応急工事として次に掲げるもの

ア　道路の陥没防止のための工事

イ　がけ崩れ防止のための工事

ウ　堤防、護岸等の損壊防止のための工事

エ　施設等の破損防止のための工事

オ　その他、災害又は事故防止のための工事として市長が認めるもの

なお、早期に契約の手続をとらなかったため、契約をすべき日時が切迫し、競争入札に付するいとまがなくなったという場合等にこの規定を濫用することは許されないものである。

⑹　不利と認められるとき

「不利」の判断については、個々具体的な事実に基づき限定的な認定を必要とするが、これに該当する事例は、おおむね次のとおりである。

①　現に契約履行中の工事、製造又は物品の買入れに直接関連する契約を現に履行中の契約者以外の者に履行させることが不利であること。

②　買入れを必要とする物品が多量であって、分割して買入れなければ売惜しみ、その他の理由により価格を騰貴させるおそれがあること。

③　急速に契約しなければ、契約する機会を失い、又は著しく不利な価格をもって契約をしなければならないこととなるおそれがあること。

⑺　時価に比して著しく有利な価格で契約できる見込みのあるとき

この理由により随意契約を行う場合は、大体において、契約の相手方が特殊の事情にある場合である。

この規定に該当する場合は、例えば、自治体の欲する物件を多量に保有し、又は自治体の意図する工事につき使用する材料を当該工事現場付近に多量に所有するため、他の者に比べて著しく低価格で契約を締結することができるときなどである。

⑻　入札者又は落札者がないとき

初度の入札においても再度の入札においてもともに落札者がない場合

は、必ず随意契約によらなければならないとするものではない。このような場合、日時を改めて再度公告入札をしても一向差し支えはないものである。しかし、契約の内容によっては、時間的に再度公告入札に付することができる場合とそうでない場合があると考えられる。したがって、再度公告入札に付することができないような場合には、落札者がなければ随意契約によることができるとしているのである。

　なお、この要件に該当し、随意契約により契約を締結するときには、契約保証金及び履行期限を除くほか、当初の一般競争入札又は指名競争入札に付するとき定めた予定価格その他の条件を変更することができないものとされている。

⑼　落札者が契約をしないとき

　錯誤によるような場合は別として、例えば、入札時には入札者が入札価格の積算上十分契約の履行が可能であるとの考えの下に入札した場合、その後の急激な事情の変更等によって、とても落札価格では完全な履行はできず、出血受注となるようなとき等においては、落札者となった業者が契約を締結しないというような場合もありうる。このような場合には、当然入札保証金は自治体に帰属することとなるが、それはともかく、上記の要件に該当する場合には、落札者が契約を締結しないときとして、随意契約によることができるのである。

　なお、この要件を充足して随意契約により契約を締結する場合においては、落札金額の制限の範囲内において契約を締結しなければならず、かつ、履行期限を除いて、当初の競争入札に付するときに定めた入札の条件を変更することができないこととされている。

　また、上記のうち⑻又は⑼の要件に該当し、随意契約によって契約を締結する場合においては、予定価格又は落札金額を分割して計算することができるときに限り、当該価格又は金額の制限内で数人に分割して契約を締結することができる。

3　予定価格

　随意契約の場合は、競争入札の場合と異なり特定の相手方と自由にこれを結ぶことができるため、契約価格についても、単に業者との約定に任せておくと不当に高価となり公正を欠く場合が考えられる。したがって、契約しようとする内容により、業者にその代価を算定させ、見積書の提出を求めるとともに、発注者は、競争入札の場合に準じてあらかじめ予定価格を作成し、業者の提出した見積書と対照し、価格が適当かどうかを検討しなければならない。

　なお、競争入札の場合は、この予定価格の作成に関して、自治体の財務規則で一般的に定められている。しかし、随意契約については、必ずしも予定価格の作成については定められていない。ところが、自治体が随意契約を締結する場合に、財務規則等で通常なるべく2人以上の者から見積書を徴することとしている。随意契約における予定価格の設定は、当該予定価格と対照して見積価格との適否を検討し、見積合わせにより契約の相手方を選定するための資料とするためである。見積合わせの結果、自治体に有利な条件の者と契約を締結することは競争契約の場合と似ている。しかし、競争入札の予定価格というものと随意契約のそれとは次の点で異なる。

① 　見積書の提出者と契約を締結しなければならないことがないこと

　　見積書の提出は、申込であるから、承諾義務を負うわけではない。

② 　随意契約の予定価格は、競争契約のそれと違って、単なる契約基準にすぎないので、必ずしもこの制限内で契約を結ぶ必要がないこと

　　競争入札の場合の予定価格は、競争入札に参加できる資格要件の一つであるが、随意契約のそれは、相手方の見積価格の査定基準である。したがって、場合によっては予定価格以上のものを契約対象とすることもあり得る。例えば、相手方提出の見積り額が予定価格を上回る理由は、その商品がエコ商品であったとすれば、それを購入することが許されないわけではない。

③ 価格だけで有利な者と契約をする必要がないこと（品質を考慮）

このような点から随意契約の予定価格の必要性は、競争入札の場合とは性格が異なるが、自治体にとってもっとも有利な者と契約をすることにおいてはなんら変わるところがない。

したがって、随意契約の場合にも予定価格を作成すべきで、その作成について財務規則で定めておくことが適当である。

4 見積書の徴取

(1) 見積書

見積書とは、請負、売買等の契約の目的物の代価を算定した書類である。工事等にあっては、代価算定の基礎となる内訳明細書を添付することとなっているが、物品購入の場合は、単に品目、数量、単価を明らかにした簡単なものが多い。

見積書は、随意契約によると価格が適正を欠くおそれが多いので、複数の同業者からこれを提出させ、当該価格が適当であるかどうかを自治体においてあらかじめ作成した予定価格とも対査して検討することによって契約の相手方を選定する資料となる。また、見積書は、これにより専門家あるいは権威者の意見を徴して価格の妥当性を客観的に判断するための資料ともなる。見積書は、2人以上の者から徴し、これと予定価格とを対査し、契約金額の公正と適正を期するために必要なものである。したがって、随意契約によろうとするときは、見積合わせをすることが原則である。現在は、見積合わせを競争的随意契約として把握すべきであるとされている。

(2) 見積価格の査定

見積書の必要性については前述したとおりであるが、常識的にみて、法令等により価格が定まっている等により予定価格との対査の必要がないもの、及び見積合わせの必要がないもの等が考えられるため、見積書の徴収又は見積合わせを省略することができる。

しかしながら、見積書の徴収又は見積合わせの省略は、これを濫用すべ

きでなく、契約の目的、性質等により検討すべきものである。例えば、1
件の予定価格が10万円を超えない場合であっても、見積合わせを必要とす
る場合も考えられる。

(3)　見積合わせをする場合において、同価の者が2人以上ある場合、その
決定は契約担当者の裁量に委ねられる。そこで、公正を期するためには、
競争入札の場合に準じて、くじにより決定するか、あるいは見本を提出
させてすぐれている方を決定する等の方法をとることが望ましい。

また、随意契約の場合は、予定価格の制限の範囲内で最高又は最低の者
と必ず契約を締結しなければならないものではない。見積内容において、
品質、性能において明らかにすぐれていることから、当該自治体にとって
最も望ましいものであれば、その見積を提出した相手と契約しても差し支
えない。

5　随意契約の改善

随意契約、特に単独随意契約については、契約の競争性、公平性、透明
性確保の観点から、適用条項（ほとんどの場合、自治令167条の2第1項
2号）を厳格に解釈した上で適用すべきは当然であり、前例を踏襲するこ
となく、全ての単独随意契約のあり方について、次のような点を踏まえ、
総点検のうえ、契約方法を改善することが必要である。

(1)　**単独随意契約の検討**

①　単独随意契約によらず競争性のある契約方法が取れないのかを、前例
や経緯、既成概念にとらわれず、ゼロベースで検討すること。

また、極力単独随意契約につながらないよう業務の執行方法を改善す
ること。

②　単独随意契約となる場合、随意契約の理由の検討には、総合的評価も
含め、特定の者に限る具体的理由、契約の相手方となり得る者の調査経
緯、適用条項等を明確にすること。

⑵　契約内容の検討

①　設備、機器の保守については、その内容が必要最小限のものかどうか、スポット契約の方法も含めて検証する。また、過大な経費となっている点がないかを詳細に点検するなどして、適正な契約金額となるよう努めることが必要である。多くの場合、直接契約の方がマージン分だけ低額となろう。

②　委託契約内容の大部分が、委託契約の相手方から更に第三者に再委託されている場合には、再委託先との直接契約を検討することが必要である。

③　随意契約を行う場合の方法として、新たな契約方式として、コンペ方式やプロポーザル等の方式を検討することが必要である。

6　企画コンペ方式による契約

　企画競争（企画コンペ）は、企画提案内容を公募し、審査した上で、契約候補者を選定するものである。そのために参加仕様書を作成し、公募する。

　参考として、三重県が実施した仕様書の一部を以下、例示する。

○東紀州地域における新規事業展開可能性調査業務企画提案コンペ参加仕様書

1　企画提案コンペの目的

　当該業務は、東紀州地域において、地域の自立的な発展を進めるための基盤として、地域づくりを観光振興、産業振興、まちづくりの面から総合的に推進し、東紀州地域の活性化を図ることを目的として、平成19年4月に三重県と東紀州地域の5市町（尾鷲市、熊野市、紀北町、御浜町、紀宝町）によって組織された「東紀州観光まちづくり公社」（以下、「公社」という。）の今後の事業展開について、可能性を明らかにする調査です。

　三重県では、当該業務を通じて得られた結果を、今後の公社の事業展開について検討するための基礎資料として活用します。

このため、業務の効果的かつ効率的な実施にあたり、当該業務を委託すべき適切な事業者を選定するため、下記のとおり企画提案コンペを実施します。

2　委託業務の内容

調査報告書の作成

(1)　調査項目

公社を法人化した場合に、次の事業について事業化の可能性を検討します。

①　観光部門

地域で旅行業を行う事業者を調査し、東紀州地域の観光資源を活かして着地型旅行商品をつくり、販売を行う旅行業の事業化可能性（想定商品、想定売上（手数料収入））

②　産業部門

ア　地域でネット通販を含め商社機能を果たしている事業者を調査し、東紀州地域の物産等の販売を行う事業（商社機能）の事業化可能性

イ　パーキングエリア、道の駅等で販売を行う事業者を調査し、物品販売等を行う事業の事業化可能性

(2)　調査方法

文献・資料調査、インターネット調査、及び、電話聴取調査によることとします。

(3)　情報の分析及び考察、報告書の作成

収集した情報については、項目毎に分析を行うこととします。

考察にあたっては、上記分析に加え、他府県の先進事例や、他府県、県内他地域との競合、地域のニーズを踏まえたうえで、事業化に向けた提案などを盛り込んだものとします。

3　契約上限額

500,000円以内（消費税及び地方消費税を含む）

4　契約条件

(1)　委託業務名

東紀州地域における新規事業展開可能性調査業務

⑵　委託契約期間　契約の日から平成21年 8 月31日（月）まで

⑶　成果品　報告書（紙媒体 2 部及び電子媒体（CD-ROM） 1 部）

⑷　成果品の提出期限　委託契約期間の終了日

⑸　成果品の納入場所　三重県政策部東紀州対策局東紀州対策室

5　参加条件

　次に掲げる条件をすべて満たした者とします。

⑴　当該企画提案コンペに係る契約を締結する能力を有しない者又は破産者で復権を得ない者でないこと。

⑵　三重県から入札参加資格（指名）停止を受けている期間中でない者であること。

⑶　三重県物件関係落札資格停止要綱により落札資格停止措置を受けている期間中である者又は同要綱に定める落札資格停止要件に該当する者でないこと。

⑷　三重県が賦課徴収する税又は地方消費税を滞納している者でないこと。

6　企画提案コンペの実施方法

　三重県は、本仕様書に基づき提出された企画提案資料を「東紀州地域における新規事業展開可能性調査業務企画提案コンペ選定委員会」（以下「選定委員会」という。）において審査のうえ、最優秀提案を選定し、その提案を提出した者と委託契約を締結します。

　企画提案コンペの審査基準は以下のとおり

①　提案事業者の業務の実施体制は適当か。

②　業務を行うために必要な知識と経験を有しているか。

③　提案の内容及び実施方法は優れているか。

④　業務スケジュールは適当か。

⑤　事業全体の見積価格及び内訳の各項目に係る見積価格は適当か。

　　以下　略

7　プロポーザル方式

プロポーザル方式（企画競争）は、その性質又は目的が競争入札に適しないと認められる業務を発注する場合に、当該業務に係る実施体制、実施方針、技術提案等に関する提案書（以下、「提案書」という。）の提出を受け、提案書をもとに、原則としてヒアリングを実施したうえで審査及び評価を行い、当該業務の履行に最も適した受託者を特定する方式をいう。

(1)　公募型プロポーザル方式

提案者を公募し、その応募者のうち一定の条件を満たす者から提案を受けるプロポーザル方式をいう。

(2)　指名型プロポーザル方式

あらかじめ複数の提案書の提出要請者を選定し、その選定を受けた者から提案を受けるプロポーザル方式をいう。

(3)　対象とする業務

①　都市計画調査、地域計画調査、総合開発計画調査、環境影響調査、広報計画調査、意向調査、社会経済計画調査、複数の分野にまたがる調査等広範かつ高度な知識と豊かな経験を必要とする業務

②　重要構造物の計画調査、大規模かつ複雑な施工計画の立案、景観を重視した施設設計、高度な構造計算を伴う設計、高度な解析を伴う地質調査等比較検討又は新技術を要するものであって高度知識と豊かな経験を必要とする業務

③　景観調査、大規模な軟弱地盤対策調査、既設施設の機能診断、先端的な計測・試験を含む地質調査等先例が少なく実験解析又は特殊な観測・診断を要する業務

④　計画から設計まで一貫して発注する業務

⑤　象徴性、記念性、芸術性、独創性、創造性等を求められる設計業務及び高度な技術的判断を必要とする設計業務（設計競技方式の対象となる業務を除く。）

⑥　高度な技術力、企画力、開発力及び経験を求められる業務

⑦　自治体において発注仕様を定めることが困難等標準的な業務の実施
　手続が確立されていない業務

⑷　審査委員会の設置

応募者から提出された提案書を審査するために審査委員会を設置して、
次の事項を審査することが望ましい。

①　受託者を特定するための評価基準の決定

②　指名型プロポーザル方式における提案書の提出要請者の選定

③　受託者の特定

④　前各号に掲げるもののほか、受託者の特定について必要な事項

⑸　手続開始の公告

長は、公募型プロポーザル方式を実施しようとする場合は、次に掲げる
事項について公告し、公募する。

①　業務名、業務内容及び履行期限

②　提案資格

③　受託者を特定するための評価基準

④　担当課

⑤　説明書の交付期間、場所及び方法

⑥　参加表明書の提出期限、場所及び方法

⑦　提案書の提出期限、場所及び方法

⑧　契約書作成の要否

⑨　説明書等に対する質問に関する事項

⑩　ヒアリングの有無、ヒアリングを行う場合の予定日その他ヒアリン
　グに関する事項

⑹　参加表明書の提出

公募に応じて本手続に参加しようとする者は、説明書の交付が開始され
た日の翌日から起算して10日を経過する日までに、長に対し公募型プロ
ポーザル参加表明書及び必要書類を提出しなければならない。それによ

り、審査が開始され、そこで選出された者との間で随意契約を締結する。

　以上、随意契約の実施に当たっては、検討すべき基準設定が必要であるが、大阪府においては随意契約の心得が設定されており参考になる（後掲資料11参照）。

第 **7** 章

長期継続契約

1　意　義

　自治体の支出の原因となるべき契約その他の行為は、法令又は予算の定めるところに従い、これをしなければならない（自治法232条の3）。

　ところで、会計年度は独立しているから予算は単年度主義が原則である。そのため、複数年の契約を行うには、自治法214条によりあらかじめ予算で債務負担行為を計上しておかなければならない。例外は継続費等、当初から複数年の支出が予定されているものだけで、それらは法律であらかじめ規定されている。

　一方、電気、ガス、水の供給又は電気通信役務の提供を受ける契約や不動産を借り入れる契約は、およそ自治体が存続する限り、1日も欠かすことができないものである。そうとすると、それらの契約は毎会計年度更新を繰り返すまでもなく、長期の期間にわたって継続することが合理的である。そこで、自治法は長期継続契約、すなわち、複数年契約を予算の単年度原則の例外として認めている（自治法234条の3）。そして、この場合は、債務負担行為を計上することは必要ない。また、この長期継続契約の締結は、長限りで行い、議会の議決は要しない。

2　自治法の改正による適用の拡張

　自治法の規定する長期継続契約が限定列挙であったことから、その使い勝手の悪さが指摘されていた。例えば、パソコンや複写機のリース契約を単年度契約としながらも、毎年度契約更新を行い、実質は複数年契約であるといった実務が行われていた。そこで、平成16年自治法改正で、長期継続契約の対象となる契約について、従来の自治法234条の3の規定に、「その他政令で定める契約」を追加した。そして、上記の政令は次の通りに規定した（自治令167条の17）。

　（長期継続契約を締結することができる契約）

第167条の17　地方自治法第234条の3に規定する政令で定める契約は、翌年度以
　降にわたり物品を借り入れ又は役務の提供を受ける契約で、その契約の性質上
　翌年度以降にわたり契約を締結しなければ当該契約に係る事務の取扱いに支
　障を及ぼすようなもののうち、条例で定めるものとする。

　このことから、法の規定する以外の長期継続契約は、政令の要件の範囲
内で各自治体の条例で決定することとなった。
　そこで、各自治体は条例を制定したが、簡単な条例から詳細な条例まで
各種あるので、ここでは、標準的な条例の参考例として、次の横須賀市の
長期継続契約に関する条例を取り上げる。

横須賀市長期継続契約に関する条例（平成17年条例第12号）
　（趣旨）
第1条　この条例は、地方自治法施行令（昭和22年政令第16号）第167条の17の
　規定に基づき、長期継続契約を締結することができる契約に関し必要な事項を
　定めるものとする。
　（長期継続契約の対象）
第2条　長期継続契約を締結することができる契約は、次の各号のいずれかに該
　当する契約とする。
　⑴　物品の賃借に係る契約
　⑵　建物清掃業務委託、有人警備業務委託、庁舎案内業務委託等の常時継続し
　　て業務を履行させ、かつ、業務を履行する受託者に対し特別な訓練を受けさ
　　せる必要があるため、単年度の契約では安定した業務の履行に支障が生じる
　　おそれがある契約
　⑶　機械警備業務委託等の常時継続して業務を履行させ、かつ、業務を履行す
　　るに当たって機器の導入等の相当な初期費用が必要となるため、単年度の契
　　約では著しく不利となる契約
　⑷　特殊な機器及びシステム等の保守運転管理業務委託等の業務を履行する

に当たって専門的な知識又は技術を必要とする業務であり、受託者以外に業務を履行することができる者がいないため、単年度の契約では継続的な業務の履行に支障が生じるおそれがある契約

(5)　前各号に定めるもののほか、業務の適正な履行のために市長が特に必要と認める契約

(契約期間)

第 3 条　前条に規定する契約の期間は、10年を超えない範囲で市長が定めるものとする。

(その他の事項)

第 4 条　この条例の施行について必要な事項は、市長が定める。

3　契約期間

従前は、前述したように会計年度独立の原則から、1 年契約が原則であったことから、自治体契約の期間について、必ずしも十分に検討されてはこなかった。

しかし、長期継続契約になると、契約期間を何年とするかは重要な問題である。前記横須賀市の条例は、契約期間を条例化している数少ない条例の一つと思われる。

4　リース契約

(1)　意義

リースは、「リース会社が機械・設備を導入しようとするユーザー (顧客) に代わって、ユーザーからリース料の支払を受けることを条件に購入代金を負担して機械・設備を購入し、ユーザーが一定期間中に機械・設備等の購入資金をリース料として支払って借り受ける」契約である。リース契約の法的性質については、金融性を重視するか、賃貸借性を重視するかによって様々な定義づけがされている。

(2)　リースの対象

　リースの対象物件は、工作機械、OA 機器、自動車など広範囲に及ぶ。

　しかし、次のような物件については、税法上の制約からリースの利用は認められていない。

① 土地、建物、建物付属設備、又は構築物（建設工事等の用に供する簡易建物、広告用の構築物等で移設が比較的容易に行い得るものを除く）

② 機械装置等で、その主要部分が賃借人における用途、その設備場所の状況等に合わせて特別な仕様により製作されたものであるため、リース会社がその返還を受けて再び他に賃貸する事が困難であって、その使用可能期間を通じて当該賃借人においてのみ使用されると認められるもの

③ 建設工事用の仮設資材のように賃借人における使用又は消費の状況から見てリース物件の特定が不可能と認められるもの

(3)　リース物件の不適合責任

① リース物件に契約の不適合があった場合、リース会社は当該物件の売主ではないから、責任を負わないのが原則である。そこで、ユーザーは、リース物件の売主であるメーカーと話しあって解決する。どうしても話し合いがつかない場合、ユーザーは売主に対して直接、損害賠償請求をするか、リース会社が物件の売主に対して有している損害賠償請求権を譲り受け、当該売主に対する権利を行使していくことになる。

② リース会社は、メンテナンスの義務を有していないのが通常である。しかし、リース物件によってはメンテナンス付リース契約も可能であるから、メンテナンス付リース契約を利用するとよい。

③ リース契約の期間は、複数年であることが原則である。その間にリース契約を解除する場合は、解除期間相当のリース料に見合う損害賠償が求められる。したがって、契約時に、予算が付かないときや事業の必要性がなくなってリース契約の継続が不要となった場合に解除できる旨の条項と、その場合の損害賠償の免除を特約しておくことが必要である。

コラム　ファイナンスリースと民法改正

　債権法を中心とする民法改正が行われ、令和 2 年 4 月 1 日に施行された。リース契約については、直接に規定する法律が存在しないため、従来から法律上の位置づけの必要が話題となっていた。そこで、今回の民法改正検討委員会では、新たに賃貸借の規定の次にリース契約の項目を設けることを予定して、条文化もされていた。しかし、この条文はファイナンスリースだけを対象にしていたため、リース業から、リースには、ファイナンスリース以外にもテクニカルリース等各種のリースがあり、ファイナンスリースのみを規定することへの反対があった。

　たしかに、リースには各種の種類があり、ファイナンスリースだけを民法に規定するというのは、リース業そのものを捉えたことにはならない。それもあって、改正法案からは、前記リース契約に関する条文は削除された。しかし、リース業がこれだけ社会的地位を持ちながら、法の規定の埒外というのは望ましくないというべきであろう。本来、リース業は商行為であるから、商行為の一つとして、商法で規定するのが相当ではなかろうか。

5　債務負担行為と契約準備行為

(1)　単年度会計

　自治法208条 1 項は、普通地方公共団体の会計年度は、毎年 4 月 1 日から翌年 3 月31日までと定められ、単年度主義を採っている。また、同 2 項は会計年度独立の原則を規定している。そして、予算については年度開始前に議会の議決を経なければならないとされている（自治法211条）。そこで、自治法が単年度主義の例外と認めた債務負担行為などについては、それぞれ議会の議決を必要としている。

　以上のことから、自治体が行う支出負担行為及び予算執行については、議会の承認を得ない限り、単年度主義の例外は認められないと考えられて

いる。

⑵ 契約締結の時期

　問題は、議会で予算が成立した後であっても、新年度開始前には、入札手続は一切できないかである。総務省の公式見解は、以下のとおりである。

　「入札手続は、地方公共団体の入札公告手続等、契約に至る事前準備は「予算執行」の範囲に含めるものとしている契約締結の大前提であることから、当然に契約行為の一部とみなされるため、当該年度の予算の裏付けなしに行うことはできない。なお、年度開始前に工事請負等の契約を締結する必要があるのならば、地方自治法第214条の債務負担行為により対応は可能である。」

　しかし、すでに予算が議決され、一方、４月１日から契約内容を実施していかなければならない契約について、総務省の公式見解のように、すべて前年に債務負担行為を行わなければならないかは問題である。なぜなら、たかだか１週間か10日のために、すでに歳出予算に計上されて議会の議決を受けている金額をさらに債務負担行為として歳出予算に計上しなければならないというのは、あまりにも形式主義といえるからである。さらに、総務省見解のように、新年度に入らないと入札手続ができないとすると、４月１日を始期とする契約については、債務負担行為をしない限り、すべて随意契約として行わざるを得ないことになる。しかし、それが一般競争を原則とする自治体の契約手続を予定している自治法の趣旨であるのかという問題も存在する。

　この点について、碓井光明東京大学名誉教授は、その著書の中で次のように述べている（碓井光明『公共契約法精義』（信山社、2005年）54頁）。

　「年度開始前に契約締結行為のうちのどこまで許されるかは必ずしも定説があるわけではない。支出負担行為は年度開始後でなければならないという原則の適用の問題である。公告または指名通知まではできるが、入札・落札者決定はできないという見解がある。契約書の作成と記名・押印が契約の確定であり、それ以前の落札者決定から契約が段階的に成立する

と解する立場からは、落札者決定が支出負担行為の着手であるから、それ以降の行為は年度開始まで許されないという解釈も成り立つ。その場合、落札者決定を前年度に行うには、前年度の債務負担行為の手続きを要することになる。しかし、これはいかにも形式的解釈であって実務に支障を及ぼすであろう。相手方の給付の開始が年度開始後であることが明確にされている契約に関しては、落札者決定はもとより、少なくとも予算成立後においては契約書を作成しても実質的違法性を欠くと解釈し、「繰上げ支出負担行為」を認めるべきである。」

　筆者も、碓井教授にならって、一定の範囲の契約準備行為を認めるべきと考える。ただ、碓井教授は、「予算成立後は契約書を作成しても」といわれているが、ここまでは行きすぎかと思う。支出負担行為は契約書の記名・押印により確定するものであり、そのための前提として、予算なければ契約なしの原則（自治法232条の3）から、予算の執行が可能になっていることが必要である。そこで、公告・入札あるいは指名通知から落札者の決定までは、前年度末までにできるが、契約書の作成は、4月1日に行うべきであろうと考える。そして、予算成立後、年度末までに行うこれら一連の行為を「契約準備行為」として、是認すべきだと考える。このように解すると、予算議決主義にも会計年度独立主義にも反しないし、実務の実態にも即しているものと考える。もともと、会計年度独立の原則をあまりにも固く解することからこの問題は生じているので、会計年度独立の原則を緩和する法改正が望まれる。

第**8**章

せり売り

1　意　義

　せり売りとは、買受者が口頭をもって価格の競争をするものであり、せり売りも一般競争入札の一種である。しかし、せり売りの場合は、他の競争者の申し出価格を知って互いに競争するものであり、入札の方法によらないものである。

　なお、最近、インターネットによるオークション等がなされている。

　インターネット公売実施機関では、「インターネット公売とは、各行政機関が税金などの滞納者から差し押さえた財産を、国税徴収法などにのっとって売却する手続きの一部で、各行政機関の滞納者はもちろんのこと、納税義務者すべての方に滞納抑止効果をもたらし、納付率をあげる期待ができます」としている。

2　手　続

　せり売りの手続については一般競争入札の手続である自治令167条の4から167条の7までの規定が準用される（自治令167条の14）。

3　参考事例

　最近はせり売りの実施に当たって、インターネットを利用して行うようになっている。当初は公売について採用されたが、現在は普通財産にまで拡張されている。参考として、尼崎市の公有財産インターネットによる財産売却のガイドラインを引用すると、後掲資料12のように規定している。以上のようにインターネットによる公売から始まったせり売りは、すっかり定着して、現在は普通財産の売却にまで至っている。

第**9**章

契約書の作成

1 契約書作成の原則

契約書の作成の有無について、改正民法522条2項は、「契約の成立には、法令に特別の定めがある場合を除き、書面の作成その他の方式を具備することを要しない」と規定した。一方、自治法234条5項は、「普通地方公共団体が契約につき契約書又は契約内容を記録した電磁的記録を作成する場合においては」と規定しているのみで、契約書の作成の有無は各自治体に任せている。そこで、多くの自治体の財務規則や契約規則で一定金額以上の契約については、契約書を作成しなければならないと規定している。したがって、契約担当者は、入札により落札者を決定したとき又は随意契約の相手方を決定したときは、財務規則等の規定により契約書を作成しなければならない。なお、議会の議決を要する契約については、仮契約書を作成し、議会の議決を得たら本契約書を作成する。

2 契約書作成の意義

(1) 契約内容の明確性

契約書は、本来、当事者間の契約上のすべての条項を明らかにして、契約内容を明確にするとともに、後日契約上の紛争が生じた場合において、その合理的な解決をする目的で作成するものである。しかし、日本では、民法典があることから、主要な内容のみ契約書に記載し、その余は民法の規定による場合が多いので、契約書が簡単で定型的なものが多い。

(2) 証拠方法としての契約書

契約書は、契約を締結した旨を示す証拠としての意義を有する。一般に契約は諾成契約が原則であるから、口頭で合意が成立すればそれで足りる。しかし、口頭の合意のみでは、後日問題が生じた場合に当該契約内容を明らかにすることできない。そこで、後日の証拠として契約書を作成する。

ところで、自治体契約については、契約書を作成する場合、契約の確定

の効力をも持つのである。すなわち、自治体において、契約書を作成する場合においては、地方公共団体の長又はその委任を受けた者が相手方とともに、契約書に記名押印することにより、当該契約が確定する（自治法234条5項）。

　自治法は、契約書を作成する場合には、契約書の作成を契約の効力の発生要件とし、これに契約の確定力を与えたものである。そこで、自治法は契約書の作成が必要な契約について、原則として、民法の契約の原則である諾成契約の場合とは異なり、契約書の作成という契約の要式行為性を要求している。

　なお、契約書の作成を省略する場合の契約の成立時期には、契約書を作成する場合と異なり、民法の原則にかえることとなる。したがって、競争入札にあっては落札決定のとき、随意契約にあっては相手方を決定したときに契約が成立する。

3　契約書作成の手続

　契約書の作成に当たって留意すべき事項は、次のとおりである。

(1)　契約書作成の要否

　競争入札における公告若しくは通知又は随意契約の相手方の決定に当たっては、当該契約の締結につき契約書作成の要否を明らかにする必要がある。

(2)　契約書作成の時期

　契約書の作成を要する契約については、契約の相手方を決定したとき、遅滞なく契約書を作成しなければならない。

(3)　契約書作成の方法

　契約の相手方が隔地にあるときは、まず、その者に契約書案を送付して記名押印させ、さらにこれの送付をうけて契約担当者が記名押印するようにすべきである。なお、両者記名押印が終了したときは、当該契約書の1通を契約の相手方に送付するものである。

⑷　契約書の日付

　契約書の日付については、契約が記名押印の日に確定するものであることから、当然、実際に記名押印した日とすべきである。ただし、4月1日が土日の場合は、1日に遡及して日付を記入せざるを得ない。

4　自治体契約の要式性

　自治法234条5項は、契約書の形式として、「当該普通地方公共団体の長又はその委任を受けた者が契約の相手方とともに、契約書に記名押印し、」と規定しており、自治法上の契約書と認められるためには、このような形式の必要を規定している。したがって、民間では契約書のひとつの形態である念書とか覚書とかというように、双方が記名押印する形式以外のものは契約書として認めていないといえる。

　この点について、判例は次のように判示している。

1　地方公共団体のなす契約は、地方自治法（以下「法」という。）第234条第5項に定める「契約当事者の記名押印」の形式を具備していない以上、契約として成立しない。よって、40年念書及び43年・45年各念書については、いずれも、被告市（長）が署名捺印した念書を原告あてに差し入れる形式を取り、右形式を具備していないから、地方公共団体たる被告市と原告との間の契約と認めることはできない。

2　一方、48年各覚書については、被告市（長）と原告とがそれぞれ署名捺印する形式を取っており、かつ内容も確定しているから、法に定める形式と内容を備えた契約と認めることができる。

3　48年各覚書は、仮換地土地の譲渡契約及び売買契約を内容とするものではあるが、その成立経緯及び趣旨は40年念書の約旨の実現、具体化として生じたものであって、実質的には、本覚書による契約の性質及び内容は、一体として40年念書の約旨の性質と内容とが同一の建築延期を条件とした被告と原告との和解契約（以下「本件和解契約」という。）と認めるのが相当である。

4　すると、本件和解契約の基本となる40年念書の時点では、長野市都市開発事業の地方公営企業法の一部適用はなく、かつ、当時長野駅周辺整備計画は計画中であったことから、本件和解契約は長野市都市開発事業の業務に属するものとはいえず、一般行政事務として議会の議決事項に該当していたことは明らかである。

　そして本件和解契約は、これについて長野市議会の議決を経ていない（当事者間に争いがない。）以上、未だ契約としての効力を有しないというべきである（長野地裁平成元年11月2日判決）。

5　契約書の記載事項

(1)　契約の目的に関すること

　契約書は契約内容を明瞭にするために作成するものであるから、契約の目的が明らかでなければならない。通常は契約の内容に基づいて、売買契約とか請負契約を締結するというように、契約名でその契約目的が明らかなように表現する。

　一般に契約名は、民法の規定する典型契約の場合はそれを利用する。しかし、民法は典型契約として13のものしか規定していないから、必ずしもそれによる訳ではない。これらの民法の契約は名前が法定されているので、名前のある契約すなわち有名契約ともいう。しかし、民法に規定する以外の契約にも多くのものが存するから、その契約内容にふさわしい契約名が付されるべきである。ただし、業務委託契約のように、その契約名が必ずしも当該契約の性質を示していない場合もある。

(2)　契約金額に関すること

　契約には、当該契約の対価を取得するものすなわち、有償のものと無償のものがある。有償の場合は、当該対価が契約の要素となっているので、その場合は、契約金額を確定的に記載することが必要である。例えば、売買契約は、「当事者の一方がある財産権を相手方に移転することを約し、

相手方がこれに対してその代金を支払うことを約すること」によって契約が成立するものであるから、対象である財産権の内容、その対価としての代金の額が確定していないと売買契約は未だ成立していない。したがって、財産権の内容と代金という契約の二つの要素の確定が必要であり、それによって合意が成立していることが契約の成立要件となる。

　売買契約において、金額変更の特約が問題とされた次のような判例がある。

　［契約書の作成と契約内容の特定］

1　A市契約規則によると、「市の契約に関する事務については、法令その他別に定めるものを除くほか、この規則の定めるところによる」（1条）とし、「契約の内容が軽微で、かつ、履行の確保が容易と認められる契約で、その金額が30万円をこえないとき」及び「物品を売り払う場合において、買受人が直ちに代金を納付して物品を引き取るとき」以外には、市長は、「契約の締結につき、契約書を作成するものとする」と規定したうえ、その14条2項には、契約書に掲げる事項として、「1 契約の当事者、2 契約の目的、3 契約金額、4 契約の履行の方法、期限、目的及び場所、5 契約保証金、6 契約金の支払の時期及び方法（以下略）」が挙げられていることが認められる。

2　被告らは、右規則は、競争契約が可能な場合における契約の締結に関するものであって、本件には適用されない旨主張するが、同規則14条1項には「市長は、一般競争入札若しくは指名入札により落札者を決定したときは、当該契約の締結につき、契約書を作成するものとする」と定められており、その文言自体、同規則は競争契約が可能な場合における契約の締結にのみ限定したものではないことが明らかであるから、被告らの主張は採用できない。

3　ところで、地方自治法234条5項は、地方公共団体が契約につき契約書を作成する場合においては、長又はその委任を受けた者が相手方とともに契約書に記名押印しなければ、当該契約は確定しないものとすると規定しているが、同規定は、地方公共団体を当事者とする契約の公共性に鑑み、契約書を作成する

場合の契約成立時期を明定すめとともに、特に、契約書の作成によって契約が成立する旨を定めたものと解される。そして、同規定とA市契約規則の前掲各規定とをあわせると、A市長が契約につき、契約書の作成を義務づけられる場合においては、契約金額、契約金支払いの時期及び方法等の事項は、契約書上に具体的かつ明確に記載されるべきであり、契約書上の文言によってその金額が確定できないようなものは、その限度において契約としての効力を生じないものと解するのが相当である。

4　本件の場合についてみると、契約書の作成を省略し得る場合に当たらないことは明らかである。そして、渡辺ほか3名との本件売買契約の各契約書には、契約金が具体的数字をもって表示されているものの、これらに付された本件特約条項は、要するに、今後他の買取土地の単価が値上がりした場合には、それと買取代金の差額を支払うとの趣旨に帰着するのであって、契約書上、その差額金を算定すべき具体的時期及び方法については何ら記載されていない。

5　そうだとすると、本件特約条項にいうところの差額金は、結局、契約書上確定することができないものであり、本件特約は地方自治法234条5項及びA市契約規則14条12項に違反し、その効力を生じないというべきである（浦和地裁昭和56年10月28日判決・行裁集32巻10号）。

(3)　履行期限に関すること

　契約書には、当該契約の内容にしたがって、その履行期限を設けることは当然である。そして、契約者双方による契約期間の延長の場合も規定しておくことも必要である。

　契約者あるいは相手方の請求による契約期間の延長として、次のような条項を定めておくことが望ましい。

(1)　契約の相手方からの契約期間の延長

第○条　契約者は、天候の不良その他契約者の責めに帰すことができない理由により契約期間内に契約の履行を完了することができないときは、長に対し、遅

滞なくその理由を明らかにした書面により契約期間の延長を求めることができる。

2　長は、前項の書面の提出を受けた場合は、その内容を審査し、適当と認めたときは、契約の期間を延長するものとする。この場合において、長は、契約の期間の延長の日数を契約者と協議して決定し、書面により契約者に通知しなければならない。

(2)　長の請求による契約期間の短縮等

第○条　長は、特別の理由により契約期間を短縮する必要があるときは、契約者に対して書面により契約期間の短縮を求めることができる。

2　前条第2項の規定は、前項に規定する契約期間の短縮について準用する。

3　長は、この規則の規定により契約期間を延長すべき場合において、特別の理由があるときは、契約者と協議のうえ通常必要とされる契約期間の延長を行わないことができる。

4　前3項の規定により契約期間を変更した場合において、長が必要と認めるときは、契約者と協議のうえ、契約金額を変更するものとする。

⑷　**契約保証金に関すること**

契約保証金は、自治法234条の2が定める契約履行の確保方法であるので、その内容を必ず記載する。保証金の額については、各自治体の財務規則等で規定がある。例えば、契約金額の100分の10以上と規定されることが多い。しかし、契約書に記載の際は、必ず確定数字（100分の10とか11）で記載することが必要である。

⑸　**契約履行場所に関すること**

それぞれの契約の内容により異なるので、その内容に即して具体的に記載する。

⑹　**契約代金の支払い又は受領の時期及び方法に関すること**

契約代金の支払いに関して、自治法、政府契約の支払遅延防止等に関する法律に基づく支払時期や前払金の支払い等の法令の規定があるので、そ

れらの規定に基づいて正確に記載する。

⑺　**監督及び検査に関すること**

　契約の内容、例えば工事請負契約のような場合は監督が必要であろうし、それぞれの契約の履行の確認には相当な検査が必要である。検査の終了が契約金額の支払い要件になるので、その点も契約書上明確に記載しておく必要がある。

⑻　**履行の遅滞その他債務不履行の場合の遅延利息、違約金その他の損害金に関すること**

　契約の相手方は当然その履行期限内に契約を履行することが必要である。したがって、契約の不履行については、次のような条項を設けておくべきであろう。

第○条　長は契約者の責めに帰すべき理由により契約期間内に契約の履行を完了することができない場合において、契約期間経過後相当の期間内に完了する見込みのあるときは、契約者から損害金を徴収して当該履行を続行させることができる。

2　前項の規定による損害金の額は、契約金額から引渡し（分割納入を含む。）を受けた部分に相当する契約金額を控除した額につき、遅延日数に応じ、履行期限が到来した日における国の債権の管理等に関する法律施行令（昭和32年政令第337号）第29条第1項に規定する財務大臣が定める率（以下、「債権管理法施行令で定める率」という。）で計算した額とする。

3　契約者は、長の責めに帰すべき理由により、契約書の規定による契約金額の支払いが遅れた場合においては、未受領金額につき、遅延日数に応じ、約定期間を経過した日における政府契約の支払遅延防止等に関する法律（昭和24年法律第256号）第8条第1項に規定する財務大臣が定める率（以下、「遅延防止法で定める率」という。）で計算した額の遅延利息の支払いを市長に請求することができる。

4　長は、特別の理由があると認めるときは、第2項の規定による損害金を減免

> することができる。

(9)　危険負担の民法改正

①　危険負担の意義

　売買契約後、売主が買主に目的物を引き渡すまでの間に、売主の責に帰すべき事由により目的物が滅失・毀損した場合は、債務不履行（履行不能又は不完全履行）の問題である。これに対し、売主の責に帰すべからざる事由（延焼・地震・台風・洪水・落雷などの不可抗力の場合のほかに、買主の故意・過失による場合を含む）により、目的物が滅失・毀損した場合が、危険負担の問題である。すなわち、そこでは、滅失した物の負担を債権者が負うのか債務者が負うのかという問題が生じる。

②　危険負担の債務者主義

　民法536条1項は、一方の債務が履行不能で消滅した場合には、原則として、他方の債務も消滅するとした。これは、双務契約の一方の債務の消滅したことによる損失（危険）を債務者が負担することから、「債務者主義」という（原則たる債務者主義）。

　ここで、債務者とは、履行不能となった債権の債務者を指す。例えば、家屋の引渡債務が不能となった場合、売主は家屋の引渡債権の債務者であり、劇場に出演する債権が不能となった場合には出演債権の債務者（出演者）が債務者である。

③　危険負担の債権者主義の改正

　ところで、改正前の民法534条は、特定物に関する物権の設定・移転を目的とした契約の場合には、特定物を給付する債務が消滅しても、他方の債務は消滅しない、という主義を採用していた。これは、当該滅失した物の代金を支払わなければならないとする債権者主義を取ったものである。すなわち、双務契約の一方の債務の消滅したことによる危険を債権者が負担することから、「債権者主義」という（特定物債務に関する債権者主義）。しかし、今回の民法の一部改正により、民法534条、

535条は削除された。したがって、すべての場合売主が危険を負担することとなったので、従来各自治体の財務規則や契約規則で契約条項として、危険負担の条項を記載するように規定していた条項は、必要がないこととなった。

⑽　**契約に関する紛争の解決方法**

わが国の契約書一般についていえることでもあるが、紛争が生じた場合の条項として、「当事者間で信義誠実に基づいて話し合う」といった規定を設けている場合が多い。

有名な銀行間の大型合併が話題となった合併の基本合意書においても、「誠実協議」という項目の基にその前段において、「各当事者は、基本合意書に定めのない事項若しくは基本合意書の条項に疑義が生じた場合、誠実にこれを協議するものとする」と定め、その後段において各当事者は、直接又は間接を問わず第三者に対し又は第三者との間で基本合意書の目的と抵触しうる取引等にかかる情報提供・協議を行わないものとする」と規定していた。しかるに、一方銀行が他行との合併協議を開始したため、他行は合併の差し止めを求めて仮処分を提起した。

この事件について、最高裁は、次のように判断し、差し止め請求を認めなかった。

本件基本合意書には、抗告人及び相手らが、本件共同事業化に関する最終合意をすべき義務を負う旨を定めた規定はなく、最終的な合意が成立するか否かは今後の交渉次第であって、本件基本合意書は、その成立を保証するものではなく、抗告人はその成立について期待を有するものであることが明らかである（最高裁（3小）平成16年8月30日決定）。

以上の例で見るように、誠実協議を規定することだけでは、実質的紛争解決には程遠いといえる。

自治体が紛争解決条項を入れる場合は、少なくとも、「自治体を管轄す

る簡易裁判所の調停に付するものとし、相手方はその調停に必ず出頭する
ものとする。」といった条項を規定して、実質的に紛争解決方法を担保す
る条項として記載することが望ましい。なお、大手の民間会社は、当該自
治体の所在地の管轄を忌避し、管轄裁判所を東京とする場合が多いと聞
く。地方自治体としては、紛争解決のためにわざわざ交通費等の経費負担
を大きくするようなことが起きないように、入札説明書の中で、契約書に
おいて自治体の所在地を管轄とする紛争条項を設けると規定しておくとよ
い。落札者も入札説明書を前提として、契約に参加しているものであるか
ら、契約時に前記のような主張は許されないからである。

(11)　その他必要な事項

　契約の性質によって、その他必要な事項を契約書に記載する。比較的頻
繁に使う条項としては、請負契約における瑕疵担保責任、権利譲渡に関す
る条項、特許権の使用許諾等に関する条項などがある。

(12)　契約書の署名ないし記名押印

　自治法234条5項は、契約書の形式として、「当該普通地方公共団体の長
又はその委任を受けた者が契約の相手方とともに、契約書に記名押印し、」
と規定しており、自治法上の契約書と認められるためには、このような形
式を遵守しなければならない。

　したがって、民間では契約書の一つの形態である念書とか覚書とかのよ
うに、双方が記名押印する形式でないものは、自治法上は契約書として認
めていない。自治体の契約書として認めるためには、厳格に要式を守るこ
とが必要である。

6　契約書作成の注意点

(1)　売買における瑕疵担保責任から契約履行責任へ

　改正前の民法は、売買における売主が、売買の目的物に「瑕疵」（欠陥）
があった場合にその瑕疵を埋め合わせする責任として、瑕疵担保責任を規
定していた。すなわち、「瑕疵担保責任」とは、特定物（その物自体が有

する個性に着目して取引される物）の売買における売主が、売買の特定物
（その物自体が有する個性に着目して取引される物）に「瑕疵」（欠陥）
があった場合にその瑕疵を埋め合わせする責任をいう。この「瑕疵担保責
任」について、改正民法は、契約履行責任として構成し、売買における瑕
疵担保責任の規定は削除した。改正民法は売買契約に基づく目的物の引き
渡し責任を契約履行責任として構成して、次のように規定した。

① 　買主の追完請求権

　　引き渡された目的物が種類、品質又は数量に関して契約の内容に適合
しないものであるときは、買主は、売主に対し、目的物の修補、代替物
の引渡し又は不足分の引渡しによる履行の追完を請求することができ
る。ただし、売主は、買主に不相当な負担を課するものでないときは、
買主が請求した方法と異なる方法による履行の追完をすることができる
（民法562条）。

　　前項の不適合が買主の責めに帰すべき事由によるものであるときは、
買主は、同項の規定による履行の追完の請求をすることができない。

② 　買主の代金減額請求権

　　民法562条１項本文に規定する場合において、買主が相当の期間を定
めて履行の追完の催告をし、その期間内に履行の追完がないときは、買
主は、その不適合の程度に応じて代金の減額を請求することができる
（同563条１項）。

　　前項の規定にかかわらず、次に掲げる場合には、買主は、同項の催告
をすることなく、直ちに代金の減額を請求することができる。

　ア　履行の追完が不能であるとき。

　イ　売主が履行の追完を拒絶する意思を明確に表示したとき。

　ウ　契約の性質又は当事者の意思表示により、特定の日時又は一定の
　　　期間内に履行をしなければ契約をした目的を達することができない
　　　場合において、売主が履行の追完をしないでその時期を経過したと
　　　き。

エ　前3号に掲げる場合のほか、買主が前項の催告をしても履行の追
完を受ける見込みがないことが明らかであるとき。

1項の不適合が買主の責めに帰すべき事由によるものであるときは、
買主は、前2項の規定による代金の減額の請求をすることができない。

③　買主の損害賠償請求及び解除権の行使

前2条の規定は、415条の規定による損害賠償の請求並びに541条及び
542条の規定による解除権の行使を妨げない（同564条）。

④　移転した権利が契約の内容に適合しない場合における売主の担保責任

前3条の規定は、売主が買主に移転した権利が契約の内容に適合しな
いものである場合（権利の一部が他人に属する場合においてその権利の
一部を移転しないときを含む。）について準用する（同565条）。

⑤　目的物の種類又は品質に関する担保責任の期間の制限

売主が種類又は品質に関して契約の内容に適合しない目的物を買主に
引き渡した場合において、買主がその不適合を知った時から1以内にそ
の旨を売主に通知しないときは、買主は、その不適合を理由として、履
行の追完の請求、代金の減額の請求、損害賠償の請求及び契約の解除を
することができない。ただし、売主が引渡しの時にその不適合を知り、
又は重大な過失によって知らなかったときは、この限りでない（同566
条）。

⑵　不適合の存在

ところで、売買契約において不履行責任を問われる場合、売主がその目
的物の不適合であることを知っていることが必要であるかという問題があ
る。

改正前の民法の下での判例であるが、「売買契約の目的物である土地の
土壌に、売買契約締結後に法令に基づく規制の対象となったふっ素が基準
値を超えて含まれていたことは、民法570条にいう瑕疵に当たらない」と
された次のような判例がある。

4 （中略）売買契約の当事者間において目的物がどのような品質・性能を有することが予定されていたかについては、売買契約締結当時の取引観念をしんしゃくして判断すべきところ、前記事実関係によれば、本件売買契約締結当時、取引観念上、ふっ素が土壌に含まれることに起因して人の健康に係る被害を生ずるおそれがあるとは認識されておらず、被上告人の担当者もそのような認識を有していなかったのであり、ふっ素が、それが土壌に含まれることに起因して人の健康に係る被害を生ずるおそれがあるなどの有害物質として、法令に基づく規制の対象となったのは、本件売買契約締結後であったというのである。そして、本件売買契約の当事者間において、本件土地が備えるべき属性として、その土壌に、ふっ素が含まれていないことや、本件売買契約締結当時に有害性が認識されていたか否かにかかわらず、人の健康に係る被害を生ずるおそれのある一切の物質が含まれていないことが、特に予定されていたとみるべき事情もうかがわれない。そうすると、本件売買契約締結当時の取引観念上、それが土壌に含まれることに起因して人の健康に係る被害を生ずるおそれがあるとは認識されていなかったふっ素について、本件売買契約の当事者間において、それが人の健康を損なう限度を超えて本件土地の土壌に含まれていないことが予定されていたものとみることはできず、本件土地の土壌に溶出量基準値及び含有量基準値のいずれをも超えるふっ素が含まれていたとしても、そのことは、民法570条にいう瑕疵には当たらないというべきである（最高裁（3小）平成22年6月1日判決・破棄自判）。

(3) 権利義務の譲渡等

　自治体契約の権利者としての地位は、譲渡できないのが原則である。仮に譲渡できるとすると、厳格な入札手続き等の規定は無意味になってしまうからである。しかし、一定の要件を満たす場合には、その譲渡を認めざるを得ない場合も生ずる。そのような場合に備えて、契約時に契約書中に権利譲渡に関する条項を設けておくことが望ましい。

契約書の条項に、次のような条文を規定するとよい。

> 第○条　契約者は、契約により生ずる権利又は義務を第三者に譲渡し、又は承継
> させてはならない。ただし、長の書面による承諾を得た場合は、この限りでな
> い。
>
> 2　契約者は、目的物及び部分払いのための確認を受けたもの並びに材料（製造
> 工場等にある工場製品を含む。以下同じ。）のうち検査に合格したものを第三
> 者に譲渡し、若しくは貸与し、又は抵当権その他の担保の目的に供してはなら
> ない。ただし、長の書面による承諾を得た場合は、この限りでない。

(4)　特許権等の使用

契約の内容によっては、他の者の有する特許権、実用新案権、意匠権、
商標権その他法令に基づき保護される第三者の権利の対象となっている材
料、施工方法等を使用する場合がある。この場合、その権利者との関係が
当然生じてくるので、それらの処理は、すべて相手方の責任において行う
旨、次の条項のように規定しておくとよい。

> 第○条　契約者は、特許権、実用新案権、意匠権、商標権その他法令に基づき保
> 護される第三者の権利（以下、「特許権等」という。）の対象となっている材料、
> 施工方法等を使用するときは、その使用に関する一切の責任を負わなければな
> らない。ただし、長がその材料、施工方法等を指定した場合において、設計図
> 書又は仕様書（以下、「設計図書等」という。）に特許権等の対象である旨の明
> 示がなく、かつ、契約者がその存在を知らなかったときは、長は、契約者がそ
> の使用に関して要した費用を負担しなければならない。
>
> 2　前項の規定は、特に定めがある場合を除き、賃貸借契約及び売渡契約に適用
> しない。

(5)　秘密の保持条項

　業務委託等の契約では、受託者は住民の秘密に関与する場合が多々あるので、秘密保持についての条項が必須である。契約書において、最低限、次のような条項は必要である。

（秘密の保持）

第○条　契約者は、契約の履行にあたって知り得た秘密を他人に漏らしてはならない。

2　前項の規定は、当該契約が終了した後についても適用する。

7　契約書の作成の省略と請書等の徴取

(1)　契約書の省略

　契約書は、契約の各種の条項を詳細に定め、後日争いを生じないように、また、自治体の不利にならないように作成するものであるが、契約金額が少額のもの、あるいは即時に履行されて後日に問題の起こる余地のないものについては、契約書を作成する実効性がないので、契約書の作成を省略することができる。多くの自治体の財務規則や契約規則において、契約書を省略できる場合の金額等を規定している。なお、建設業法に該当する請負契約は契約書の省略ができない。ただし、50万円以下の契約で請負業者が省略を申し出た場合は、省略が可能である。

(2)　請書等の徴取

　契約金額が財務規則等で定める金額を超えない契約で、契約書の作成を省略する場合でも、契約金額が一定額を超えるときは、請書その他これに準ずる書面を徴することが望ましい。契約書の作成を省略する場合でも、契約に関する条項のうち必要なものは、当然守らなければならないものであり、このため請書又はこれに準ずる書面を提出させ、重要事項について、履行に際しこれを守るべき旨を約束させることが必要である。

　なお、請書は、契約の相手方から一方的に徴するものである。したがって、契約書のように、契約の両当事者が記名押印するものではなく、また、自治法上契約の確定力を与えられるものでもない（自治法234条 5 項）。単に契約が成立したことの証拠とするために徴するものである。契約書が作成されない場合、単なる諾成契約となるので、請書の提出を求めておくことは、契約履行の担保としての意味があり、有効であるので、必要に応じて請書の提出を求めるとよい。

第**10**章

契約の履行確保

1　監督又は検査

　契約履行過程及び契約終了後、契約内容どおりに履行されているかどうかについては、監督、検査が必要である。そこで、自治法234条の2第1項は、次のように規定している。

　普通地方公共団体が工事若しくは製造その他についての請負契約又は物件の買入れその他の契約を締結した場合においては、当該普通地方公共団体の職員は、政令の定めるところにより、契約の適正な履行を確保するため又はその受ける給付の完了の確認（給付の完了前に代価の一部を支払う必要がある場合において行なう工事若しくは製造の既済部分又は物件の既納部分の確認を含む。）をするため必要な監督又は検査をしなければならない。

　さらに、この規定を受けても自治令167条の15第1項は、「地方自治法第234条の2第1項の規定による監督は、立会い、指示その他の方法によつて行なわなければならない。」と規定し、同2項は「地方自治法第234条の2第1項の規定による検査は、契約書、仕様書及び設計書その他の関係書類（当該関係書類に記載すべき事項を記録した電磁的記録を含む。）に基づいて行わなければならない。」と規定している。

⑴　監　督

　監督とは、契約の性質又は目的により、検査のみによっては、契約の履行ないし給付の内容を十分に確認することができないものについて、その履行の過程において当該場所に立会ったり、工程の管理、工事又は製造に使用する材料の試験若しくは検査をすることによって、相手方に指示することをいう。

　工事請負契約などでは、現場監督者を選任し、直接監督する場合がある。さらに、物品の提供などは、製造現場を訪ね、そこで仕様どおりの品質、内容等を有するかについて、監督する。

(2) 検査（検収）

① 検査とは、工事若しくは製造その他についての請負契約又は物件の買
　　入れその他の契約に基づいて行われる給付の完了につき、当該給付の内
　　容、すなわち品質、規格、性能、数量等が契約書、仕様書等の内容に適
　　合しているかどうかを確認する行為をいう。当該契約に係る給付の完了
　　前に代価の一部を支払う必要がある場合（部分払をする必要がある場
　　合）において、その工事若しくは製造の既済部分又は物件の既納部分に
　　つき確認する場合も、同様に検査の範ちゅうに含められる。

② 検査員は、契約書、仕様書及び設計書その他の関係書類に基づき、か
　　つ、必要に応じて当該契約に係る監督職員の立会を求め、当該給付の内
　　容について検査を行わなければならない（自治令167条の15第１項及び
　　第２項）。

　　また、検査員は、請負契約以外の契約についての給付の完了の確認の
　　場合には、契約書その他の関係書類に基づき、当該給付の内容及び数量
　　について検査を行わなければならない。

　　具体的には、契約ごとに次のように検査を行う。

ア　売買契約

　㋐　契約書及び仕様書その他関係書類に基づき、その記載事項又は見
　　　本品と相違ないかどうかを確認するための検査を行うこと。

　㋑　納期、納入場所、規格、銘柄、数量等を契約書及び仕様書その他
　　　関係書類に基づき確認するための検査を行うこと。

　㋒　当該物件等の材料、品質、性能、構造等の検査において必要があ
　　　るときは、破壊、分解又は試験等の方法により検査を行うこと。

　㋓　その他必要と認める事項について適宜検査を行うこと。

イ　請負契約

　㋐　契約書、仕様書及び設計書その他関係書類に記載されている事項
　　　に相違なく完了されているかどうかを確認するため必要な検査を行
　　　うこと。

　㋑　必要に応じ、当該請負契約に係る監督職員の立ち会いを求め、当該納付の内容について、検査を行うこと。

　㋒　材料の規格及び品質、合成混和率等の検査において、必要があるときは、破壊又は分解若しくは試験等の方法により検査を行うこと。

　㋓　その他必要と認める事項について適宜検査を行うこと。

ウ　その他の契約

　前二号に準じ、必要と認める事項について検査を行う。

③　検査調書の作成

　検査に関する調書は、一般に検査調書、完成確認調書、完了確認調書、確認調書等と呼ばれ、検査員が作成するものとされ、この調書に基づかなければ契約代金の支払をすることができない（自治法234条の2第1項）。

　検査調書の作成が省略できる場合において、検査の結果その給付が当該契約の内容に適合しないものであるときは、検査調書を作成する必要がある。

④　専門的な知識又は技能の必要な検査

　専門的な知識又は技能の必要な検査の実施について、自治令167条の15第4項は、次のように規定している。

　普通地方公共団体の長は、地方自治法第234条の2第1項に規定する契約について、特に専門的な知識又は技能を必要とすることその他の理由により当該普通地方公共団体の職員によつて監督又は検査を行なうことが困難であり、又は適当でないと認められるときは、当該普通地方公共団体の職員以外の者に委託して当該監督又は検査を行なわせることができる。

⑤　検査の一部の省略

　契約の履行内容については、すべて検査することが原則であるが、法令の認める一定の場合には、その検査の一部が省略できる。その点につ

いて、自治令167条の15第3項は、次のように規定している。

普通地方公共団体の長は、地方自治法第234条の2第1項に規定する契約について、契約の目的たる物件の給付の完了後相当の期間内に当該物件につき破損、変質、性能の低下その他の事故が生じたときは、取替え、補修その他必要な措置を講ずる旨の特約があり、当該給付の内容が担保されると認められるときは、同項の規定による検査の一部を省略することができる。

(3)　監督・検査職員の賠償責任

契約担当の職員は、出納関係の職員と同様に故意又は重過失により法令に違反して地方公共団体に損害を与えたとき賠償責任を負う。すなわち、自治法243条の2の2第1項は次のように規定している。

会計管理者若しくは会計管理者の事務を補助する職員、資金前渡を受けた職員、占有動産を保管している職員又は物品を使用している職員が故意又は重大な過失（現金については、故意又は過失）により、その保管に係る現金、有価証券、物品（基金に属する動産を含む。）若しくは占有動産又はその使用に係る物品を亡失し、又は損傷したときは、これによつて生じた損害を賠償しなければならない。次に掲げる行為をする権限を有する職員又はその権限に属する事務を直接補助する職員で普通地方公共団体の規則で指定したものが故意又は重大な過失により法令の規定に違反して当該行為をしたこと又は怠つたことにより普通地方公共団体に損害を与えたときも、また同様とする。

(1)　支出負担行為

(2)　第232条の4第1項の命令又は同条第2項の確認

(3)　支出又は支払

(4)　第234条の2第1項の監督又は検査

前記のように損害の発生が問題となる場合、自治体の長は、監査委員に

対し、事実を監査して職員の賠償責任の有無と賠償額を決定することを求め、その決定に基づいて職員に賠償を命じなければならない（自治法243条の2の2第3項）。

　この賠償責任については民法の不法行為の規定は適用されず（同条9項）、専ら自治法243条の2の2の規定による。また、本件賠償責任が追及された場合は、別途、住民訴訟の対象とはならない。

2　契約保証金の性質

　契約保証金とは違約金であり、債権者、債務者の間の契約で、債務者がその債務を履行しない場合に債権者に給付すべきことをあらかじめ約した金銭をいう。

　違約金の性格は、民法420条3項によれば、賠償額の予定と推定されるが、これはあくまで推定であるから、違約金であっても、当事者が違約罰の目的をもって約した場合は、その反証を挙げてこの推定を覆えすことができると解されている。

　契約保証金を納付せしめ、その他に違約金を納付せしめる場合には、当該違約金は、通常違約罰を目的とするものであるから、契約上、その旨を明らかにしておく必要がある。

　そこで、契約保証金に係る契約条項を例示すると次のようになる。

（契約保証金）

第○条　契約の相手方となる者の契約保証金の額は、契約金額の100分の10とする。

2　前項に規定する契約保証金の納付は、長が別に定める担保及びその価値の提供をもって代えることができる。

3　契約締結権者は、契約金額に増減があったときは、その増減の割合に従って契約保証金を増減することができる。

4　契約締結権者は、次の各号のいずれかに該当する場合は、契約保証金の全部

又は一部の納付を免除することができる。

(1) 契約の相手方が保険会社との間に、県を被保険者とする履行保証保険契約を締結し、当該保険証券を提出したとき。

(2) 契約の相手方が保険会社又は金融機関との間に、工事履行保証委託契約を締結し、公共工事履行保証証券を提出したことにより、当該保険会社又は金融機関と県との間に工事履行保証契約が成立したとき。

(3) 契約の相手方が過去3年の間に当該契約と規模をほぼ同じくする契約実績を有し、これらをすべて誠実に履行した者又はこれに準ずると認められる者であって、かつ、契約を履行しないおそれがないと認められるとき。

(4) 物件を売り払う契約を締結する場合において、契約の相手方が売払代金を即納したとき。

(5) 契約金額が、随意契約によることができる額であって、かつ、契約の相手方が契約を履行しないおそれがないと認められるとき。

(6) 契約の相手方が、国（公社、公団及び独立行政法人を含む。）、地方公共団体又は県の出資法人への関わり方の基本的事項を定める条例に規定する出資法人であるとき。

(7) 単価（単価に数量を乗じて総額で契約の相手方を決定する場合は除く。）により契約を締結する場合であって、かつ、契約の相手方が契約を履行しないおそれがないと認められるとき。

(8) その他契約の性質上契約保証金を納付させる必要がないと認められるとき。

5 契約締結権者は、契約の履行を確認したときは、直ちに契約保証金を返還しなければならない。ただし、瑕疵担保について特約があるときは、当該義務が終了するまでその全部又は一部を留保することができる。

第 **11** 章

契約代金の
支払いと納付

1　売却代金の納付

　普通財産の売払代金又は交換差金は、当該財産の引渡前にこれを納付させなければならない（自治令169条の7第1項）。

　この規定の例外として、自治令169条の7第2項は、次のように規定している。

　前項の規定にかかわらず、普通地方公共団体の長は、普通財産を譲渡する場合において、当該財産の譲渡を受ける者が当該売払代金又は交換差金を一時に納付することが困難であると認められるときは、確実な担保を徴し、かつ、利息を付して、5年以内の延納の特約をすることができる。ただし、次の各号に掲げる場合においては、延納期限を当該各号に掲げる期間以内とすることができる。

(1)　他の地方公共団体その他公共団体に譲渡する場合　10年

(2)　住宅又は宅地を現に使用している者に譲渡する場合　10年

(3)　分譲することを目的として取得し、造成し、又は建設した土地又は建物を譲渡する場合　20年

(4)　公営住宅法（昭和26年法律第193号）第44条第1項の規定により公営住宅又はその共同施設（これらの敷地を含む。）を譲渡する場合　30年

2　契約代金の支払い

(1)　前金払い

　「前金払い」とは「前払い金」ともいうが、確定した債務者及び債務金額のうち、支払い時期が到来する前に、債務金額の全部又は一部を支払うことをいう。「前金払い」は、支払い時期が到来する前の支払いである点において、資金前渡及び概算払いと類似した支出であるが、次の点において相違する。

①　資金前渡は、正当な債権者に対してではなく、資金前渡受職員に対し

て支払われるものであるのに対して、「前金払い」は、あくまで正当な債権者に対する支払いである。

② 資金前渡及び概算払いは債務金額未確定の時点で、概算額をもって支払うものであり、債務金額が確定した段階で精算を要するが、「前金払い」は債務金額が確定しているため、精算手続が必要ない。

③ 「前金払い」のできる経費の範囲は、自治令に規定されており、主なものは、㋐官公署に払う経費、㋑土地又は家屋の売買、買収又は収用により、移転が必要となった物件移転料、㋒運賃、㋓土地・建物賃借料、㋔災害復旧のため緊急に行う必要のある工事請負費、物品等の購入費、また、自治法令附則で公共工事の保証工事に要する経費等となっている。

④ 「前金払い」の方法も、概算払いと同様に会計年度の独立の原則の例外はなく、翌年度に属する経費を当該年度に支払うことはできない。また、「前金払い」に相当する部分が、年度内に履行されないような場合には、そのような「前金払い」は適当でない。

⑤ 「前金払い」は、支払い相手方に対する資金融通の便宜供与という面を有しており、相手方の確実な義務の履行を確保し、地方公共団体に不測の損害を及ぼさないように十分注意することが必要である。そのため、法は、履行保険への加入を求めている。

　前金払いを行うための根拠法としては次のものがある。

ア 公共工事の前払金保証事業に関する法律

　工事請負契約の代金の支払いは仕事の完成時である。しかし、工事を実施するためには、資材の購入、労働者の確保等が必要であり、その資金の手当てをするために「公共工事の前払金保証事業に関する法律」を制定して、公共工事の前払金を支払うものとし、資材の購入、労働者の確保等のための資金として、発注者から建設業者へ支払われることとした。

　発注者が前払金を支払うためには、建設業者と保証事業会社が保証契約を締結していることが必要である。

　　公共工事に要する経費のうち工事一件の請負代金の額が50万円以上の
土木建築に関する工事（土木建築に関する工事の設計及び調査並びに土
木建築に関する工事の用に供することを目的とする機械類の製造を除
く。第3項において同じ。）において、当該工事の材料費、労務費、機
械器具の賃借料、機械購入費（当該工事において償却される割合に相当
する額に限る。）、動力費、支払運賃、修繕費、仮設費、労働者災害補償
保険料及び保証料（第3項において「材料費等」という。）に相当する
額として必要な経費の前金払の割合は、これらの経費の4割を超えない
範囲内とする。

第2条　この法律において「公共工事」とは、国又は地方公共団体その他の公共
　　団体の発注する土木建築に関する工事（土木建築に関する工事の設計、土木建
　　築に関する工事に関する調査及び土木建築に関する工事の用に供することを
　　目的とする機械類の製造を含む。以下この項において同じ。）又は測量（土地
　　の測量、地図の調製及び測量用写真の撮影であつて、政令で定めるもの以外の
　　ものをいう。以下同じ。）をいい、資源の開発等についての重要な土木建築に
　　関する工事又は測量であつて、国土交通大臣の指定するものを含むものとする。
2　この法律において「前払金の保証」とは、公共工事に関してその発注者が前
　　金払をする場合において、請負者から保証料を受け取り、当該請負者が債務を
　　履行しないために発注者がその公共工事の請負契約を解除したときに、前金払
　　をした額（出来形払をしたときは、その金額を加えた額）から当該公共工事の
　　既済部分に対する代価に相当する額を控除した額（前金払をした額に出来形払
　　をした額を加えた場合においては、前金払をした額を限度とする。以下「保証
　　金」という。）の支払を当該請負者に代つて引き受けることをいう。
（保証金の支払）
第13条　保証契約に係る公共工事の発注者は、保証契約の締結を条件として前金
　　払をした場合においては、当該保証契約の利益を享受する旨の意思表示があつ
　　たものとみなす。

2　前項に規定する発注者は、当該公共工事の請負者がその責に帰すべき事由に因り債務を履行しないためにその請負契約を解除したときは、保証事業会社に対して、保証契約で定めるところにより、書面をもつて保証金の支払を請求することができる。

この法律の適用を受けて前金を支払う場合には、必ず「履行保険」に入っている旨の証明書の提出を求めることが必要である。

イ　自治令附則7条

第7条　地方公共団体は、当分の間、公共工事の前払金保証事業に関する法律（昭和27年法律第184号）第5条の規定に基づき登録を受けた保証事業会社の保証に係る公共工事に要する経費については、当該経費の3割（当該経費のうち総務省令で定めるものにつき当該割合によることが適当でないと認められる特別の事情があるときは、総務省令で定めるところにより、当該割合に3割以内の割合を加え、又は当該割合から1割以内の割合を減じて得た割合）を超えない範囲内に限り、前金払をすることができる。（現在は、総務省令で4割）

ウ　自治規則附則3条

第3条　公共工事に要する経費のうち工事1件の請負代金の額が50万円以上の土木建築に関する工事（土木建築に関する工事の設計及び調査並びに土木建築に関する工事の用に供することを目的とする機械類の製造を除く。第3項において同じ。）において、当該工事の材料費、労務費、機械器具の賃借料、機械購入費（当該工事において償却される割合に相当する額に限る。）、動力費、支払運賃、修繕費、仮設費及び現場管理費並びに一般管理費等のうち当該工事の施工に要する費用（第3項において「材料費等」という。）に相当する額として必要な経費の前金払の割合は、これらの経費の4割を超えない範囲内とする。

2　略

3　公共工事に要する経費のうち工事1件の請負代金の額が50万円以上の土木
建築に関する工事であつて、次の各号に掲げる要件に該当するものにおいて、
当該工事の材料費等に相当する額として必要な経費について、前2項の範囲内
で既にした前金払に追加してする前金払の割合は、当該経費の2割を超えない
範囲内とする。

(1)　工期の2分の1を経過していること。

(2)　工程表により工期の2分の1を経過するまでに実施すべきものとされて
いる当該工事に係る作業が行われていること。

(3)　既に行われた当該工事に係る作業に要する経費が請負代金の額の2分の
1以上の額に相当するものであること。

(2)　部分払い

　部分払いとは、工事、製造その他の請負契約に係る既成部分又は物件の
買入契約に係る既納部分に対し、工事、製造等の完成前又は物件の完納前
にその代価の一部を支払う特約がある場合に、その特約に基づいて、契約
の部分的な履行に対し、代価の一部を支払うことである。部分払いは、概
算払い又は前金払いと異なり、自治法及び自治令に根拠はないが、契約の
一部が履行されたものとして許容されるものである。しかし、特約がある
としても無制限に認められるものではなく、運用に当たっては、金額の制
限のほか、支払いの回数についても制限して特約すべきである。多くの自
治体では、部分払いできる回数、金額について、財務規則で規定している。

(3)　政府契約の支払遅延防止等に関する法律

　政府契約の支払遅延防止等に関する法律は、国を当事者の一方とする契
約で、国以外の者のなす工事の完成若しくは作業その他の役務の給付又は
物件の納入に対し国が対価の支払いをなすべき契約を対象とする法律であ
る。しかし、同法14条でこの法律を地方公共団体の契約に準用すると規定
している。そこで、自治体に対する工事の完成若しくは作業その他の役務

の給付又は物件の納入に対し、自治体が対価の支払いをなすべき場合もこの法律によることとなる。

① 給付完了通知ないし検査の時期

　前記法5条は、契約の目的たる給付の完了の確認又は検査の時期について、次のように規定する。

（給付の完了の確認又は検査の時期）

第5条　前条第1号の時期は、国が相手方から給付を終了した旨の通知を受けた日から工事については14日、その他の給付については10日以内の日としなければならない。

2　国が相手方のなした給付を検査しその給付の内容の全部又は一部が契約に違反し又は不当であることを発見したときは、国は、その是正又は改善を求めることができる。この場合においては、前項の時期は、国が相手方から是正又は改善した給付を終了した旨の通知を受けた日から前項の規定により約定した期間以内の日とする。

　したがって、自治体の担当者は、相手方から給付を終了した旨の通知を受けた日から工事については14日、その他の給付については10日以内の日に給付の完了の確認又は検査をしなければならない。

② 支払いの時期

　さらに前記法6条は契約代金の支払いの時期について次のように規定する。

（支払の時期）

第6条　第4条第2号の時期は、国が給付の完了の確認又は検査を終了した後相手方から適法な支払請求を受けた日から工事代金については40日、その他の給付に対する対価については30日（以下この規定又は第7条の規定により約定した期間を「約定期間」という。）以内の日としなければならない。

　このことから、自治体の支出命令は、給付の完了の確認又は検査を終了した後相手方から適法な支払請求を受けた日から工事代金については40日、その他の給付に対する対価については、30日以内に支出できるように発することが必要である。

③　規定がなかった場合

第10条　政府契約の当事者が第4条ただし書の規定により、同条第1号から第3号までに掲げる事項を書面により明らかにしないときは、同条第1号の時期は、相手方が給付を終了し国がその旨の通知を受けた日から10日以内の日、同条第2号の時期は、相手方が支払請求をした日から15日以内の日と定めたものとみなし、同条第3号中国が支払時期までに対価を支払わない場合の遅延利息の額は、第8条の計算の例に準じ同条第1項の財務大臣の決定する率をもつて計算した金額と定めたものとみなす。政府契約の当事者が第4条ただし書の場合を除き同条第1号から第3号までに掲げる事項を書面により明らかにしないときも同様とする。

---

(4)　入札心得への掲載例

　以上の法律の規定を受けて、自治体は、入札心得あるいは入札説明書において、支払条件について次のように記載しておくことが望ましい。

　支払条件　本工事は〔A・C〕が該当する。

　A：前金払い

　　仕様書に前金払いを行うと記載した場合のみ支払請求ができる。

　　前金払いには、工事請負契約額の10分の4以内（10万円未満切捨て）とし、請求する場合には次の書類が必要である。

　・工事名、工事場所及び請負金額を記載した書面並びに前金払い請求書

　・公共工事の前金払い保証事業会社の保証証書

　　請求があった時・その日から起算して14日以内に請求者に支払う。

B：部分払い

仕様書に部分払い回数を記載した場合のみ支払請求ができる。

部分払いは、支払い月の5日現在の工事出来高額の90％以内（10万円未満切捨て）を支払日に支払う。但し、工事出来高額が30％以上に達した後とする。なお、部分払いを超える請求は出来ない。

C：精算払い

竣工検査に合格した旨の通知を受けてから請求書を提出し請求があった日から起算して40日以内に精算払いを行う。

第 **12** 章

契約の解除

　一度成立した契約は、誠実に遵守すべきであり、後日、気に入らないからといって、一方的に勝手に破棄することはできない。しかし、相手方が契約に定められた条項を守らない場合には、そのような契約を維持する必要がないし、維持することが却って不経済になったり、納期に間に合わないことから各種の支障が生じてしまう。そのため、相手方の態度次第では、法令や契約の内容にしたがって、一定の手続を踏むことにより契約関係を清算することができる。これが契約の解除である。

　契約解除には、約定解除と法定解除の2種類がある。前者は、契約の当事者があらかじめ契約の中でその定めを置くことにより発生するものであり、一方、後者は、法律の定める要件を満たすことにより発生するものである。

1　約定解除

　契約書で解除要件を定め、当該規定に該当する事実が発生したとき、相手方に履行の催告を行い、それで履行されない場合、解除通知を発送する。当該解除通知が相手方に到達すると解除の効力が生じる。

　約定解除の規定として、契約書に次のような条項を規定し、解除の根拠とするのが一般的である。

⑴　契約期間内に契約を履行しないとき、又は履行の見込がないと明らかに認められるとき。

⑵　契約で定める着手期日を過ぎても着手しないとき。

⑶　契約の相手方が解除を申し出たとき。

⑷　前3号の一に該当する場合を除くほか、契約の相手方が契約条項に違反したとき。

⑸　契約権者は、前項各号の一に該当しない場合であっても、やむを得ない事由があるときは契約を解除し、又はその履行を中止させ、若しくはその一部を変更することができる。

2 法定解除

　法定解除とは、法律の規定する解除要件に該当する事実がある場合に、解除権者である当事者が催告あるいは無催告及び解除の意思表示を行い、当該解除の意思表示が相手方に到達したときに解除の効力が発生するものである。

　例えば、民法540条は、「契約又は法律の規定により当事者の一方が解除権を有するときは、その解除は、相手方に対する意思表示によってする」と規定しているが、これが法定解除の例である。

(1) 催告による解除

　民法541条は、「当事者の一方がその債務を履行しない場合において、相手方が相当の期間を定めてその履行の催告をし、その期間内に履行がないときは、相手方は、契約の解除をすることができる。」と規定している。したがって、相手方が正当な理由なく、当該契約内容を履行していない場合は、前記民法541条の規定に従って、催告を行い、催告から相当期間が経過した場合（通常、2週間程度を経過したとき）、解除の意思表示を行う。なお、期間経過の時は、債務不履行の内容が契約及び社会通念に照らして軽微であるときは、契約解除はできない（改正民法541条ただし書）。

　この解除通知書を相手方に送付する場合は、解除通知の到達が解除の法的効果の発生となるので、配達証明付き内容証明郵便に付するのが一般的である。

(2) 催告によらない解除

　改正民法542条1項は、次に掲げる場合には、債権者は、前条の催告をすることなく、直ちに契約の解除をすることができると規定している。

① 債務の全部の履行が不能であるとき。

② 債務者がその債務の全部の履行を拒絶する意思を明確に表示したとき。

③ 債務の一部の履行が不能である場合又は債務者がその債務の一部の履行を拒絶する意思を明確に表示した場合において、残存する部分のみで

は契約をした目的を達することができないとき。

④　契約の性質又は当事者の意思表示により、特定の日時又は一定の期間内に履行をしなければ契約をした目的を達することができない場合において、債務者が履行をしないでその時期を経過したとき。

⑤　前各号に掲げる場合のほか、債務者がその債務の履行をせず、債権者が前条の催告をしても契約をした目的を達するのに足りる履行がされる見込みがないことが明らかであるとき。

さらに同2項は、次に掲げる場合には、債権者は、前条の催告をすることなく、直ちに契約の一部の解除をすることができると規定している。

①　債務の一部の履行が不能であるとき。

②　債務者がその債務の一部の履行を拒絶する意思を明確に表示したとき。

(3)　債権者の責めに帰すべき事由による解除の制限

改正民法543条は、その債務の不履行が債務者の責めに帰することができない事由によるものであるときは、債権者は前2条の規定による契約の解除ができないと規定している。

(4)　請負契約における発注者の任意解除権

民法641条は、請負人が仕事を完成しない間は、注文者はいつでも損害を賠償して契約の解除をすることができると規定している。これを、請負契約における注文者の任意解除権という。仕事が完成していない間であることと、損害の賠償が解除権行使の要件である。

(5)　発注者の破産による請負人の解除権

発注者が破産した場合について、民法642条は、注文者が破産手続開始の決定を受けたときは、請負人又は破産管財人は、契約の解除をすることができるとして、解除するかどうかは請負人又は破産管財人の判断に依拠している。ただし、仕事を完成した場合はこの限りでない。

(6)　建設業者の許可取消による発注者の解除権

建設業を営もうとする者は、建設業の許可を受けなければならず（建設業法3条）、許可取り消された場合は、建設業を営むことができないから、

当該契約は解除せざるを得ない。

(7)　普通財産の貸付等の公用等による解除

　自治体の有する公有財産も、普通財産であれば、「これを貸し付け、交換し、売り払い、譲与し、若しくは出資の目的とし、又はこれに私権を設定することができる」（自治法238条の5第1項）。しかし、自治体の普通財産の貸付は、「その貸付期間中に国、地方公共団体その他公共団体において公用又は公共用に供するため必要を生じたときは、普通地方公共団体の長は、その契約を解除することができる」（自治法238条の5第4項）とされている。したがって、自治体において、「公用又は公共用に供するため必要を生じたとき」は、長は相手方に契約の解除の通知を行い、それにより契約は解除できる。

(8)　貸付、売払い財産の用途外使用の場合の解除

　自治法238条の5第6項は、「普通地方公共団体の長が一定の用途並びにその用途に供しなければならない期日及び期間を指定して普通財産を貸し付けた場合において、借受人が指定された期日を経過してもなおこれをその用途に供せず、又はこれをその用途に供した後指定された期間内にその用途を廃止したときは、当該普通地方公共団体の長は、その契約を解除することができる」と規定する。また、同7項は、「第4項及び第5項の規定は貸付け以外の方法により普通財産を使用させる場合に、前項の規定は普通財産を売り払い、又は譲与する場合に準用する」と規定している。

　したがって、自治体の長は、「一定の用途並びにその用途に供しなければならない期日及び期間を指定して」普通財産の貸付、売り払い、譲与をした場合に、借受人等が指定された期日を経過してもなおこれをその用途に供せず、又はこれをその用途に供した後、用途指定がされた期間内にその用途を廃止したときには、当該契約を解除できる。

3　解除の行使と効果

(1)　解除権の行使

　解除権を有する者は、契約の直接の相手方に対し、解除の意思表示をすることにより、この権利を行使する（民法540条1項）。解除権が発生しても、自治体は、必ず解除権を行使しなければならないものではなく、なお本来の契約を履行するように求めることも自由である。

　履行遅滞の場合の解除のためには、まず、契約を守らない相手方に対し、一定の期間を定めてその期間内に約束を果たすよう催促することが原則として必要である。これを催告という。相手方がこの期間内にも契約を履行しなければ、解除権が発生する。催告をするのは、相手方に契約を履行するよう翻意する機会を与えるためである。

　したがって、相手方に契約を履行するつもりが全くないことが明らかな場合は、もはやこの催告は不要であると考えられているので、前記の民法542条に該当する場合は、催告は不要である。また、解除権を行使する前に相手方が契約を履行すれば、いったん発生した解除権は消滅する。

(2)　解除の効果

　解除されると、契約は遡及的に消滅する。その結果、まだ履行されていない債務は消滅し、既に履行された債務については、履行を受けた当事者が原状回復義務を負担する（民法545条1項）。

　例えば、代金を支払っていたときはその返還を求めることができ、登記を相手方に移転していたときはその抹消等を求めることができる。ただし、第三者の権利を害することはできない（民法545条1項ただし書）。

　また、解除に伴って、損害の発生があれば損害賠償請求権が行使できる（民法545条3項）。

契約終了後の契約の拘束力

　契約は、契約期間が満了すれば、終了するが継続的契約の場合はその後の処理が問題となる。先日、次のような事件が多くの報道機関から報道された。

　「個人情報が保存されたK県庁のHDD計54TB、転売される」

　ネットオークションで転売されたHDDは一般男性が落札。データが保存された形跡に気付いた男性がデータを復元したところ、K県庁のものとみられるファイル名が確認できたという。男性が調査を依頼したところ、データの内容やHDDのシリアルナンバーからK県庁がレンタルしていたものと特定された。HDDは4年ほど前から使っていたものだった。個人情報や機密情報が含まれるファイルにはパスワードをかけていたが、暗号化の処理などは行っていなかった。HDDの処分が決まった時点で、K県庁自身もデータを消去する操作は行っていた。発見されたデータについても「ファイル名は分かったものの、文書の本文はほとんど閲覧できない状態にあった」という。しかし、転売されたHDDのうち9台は返却されているが、残りの9台はいまだ見つかっていない。

　本件は、HDDリース契約期間終了後、HDDを返還するにあたって、ハードディスクのデータ処理を相手方が行うと契約していたところ、相手方がディスク処理を業務委託をしており、その委託先から盗まれたものであることが判明した。リース契約によるハードディスクは、契約終了後当然に相手方に返還しなければならないが、本件のように相手方がデータの破棄等を行う契約であっても、まず情報を暗号化することが必要であるし、相手方に処理状況の報告を一定期間内に求めることまで契約内容とし、それを順守すべきである。仮に、情報漏洩が行われた場合、相手方の契約義務違反であったといっても、県民の情報を流した県の責任は重大となるから、本来、個人情報は県で破棄すべき契約とすべきであったといえる。

第**13**章

工事請負契約の
諸問題

1　建設工事の請負契約

⑴　民法上の請負契約

①　請負契約とは、仕事の完成に対し報酬を支払う契約をいう（民法632
条）。すなわち、請負は、労務によって出される結果、すなわち、仕事
の完成を目的とする。

以上のように、民法上、請負契約は労務を提供することが目的ではなく、
仕事の完成の結果と報酬との交換を考えている。

②　請負の類型

請負契約の内容を分類すると、次のように分けられる。

ア　製造型の仕事

⑦　注文者の所有物に対する仕事

修理、洗車、クリーニング、製本、物品の運送等

④　注文者の設備・施設に対する仕事

設備の組み立て、機械の設置、設備・施設の保守管理、清掃、植
木の手入れ等

⑦　製造・加工の仕事

衣服や靴のオーダーメード、合鍵・印鑑・スタンプ・看板等の製
造、宝石・貴金属等の加工

㋑　建設関係の仕事

建物等の建設、上下水道の配管、造園、造船

イ　役務型

⑦　学術・芸術・娯楽関係

研究委託、原稿依頼、講演、絵画・彫刻の制作、作曲等

④　設計・開発関係

建築設計、製品開発の委託

⑦　情報関係

鑑定、翻訳、通訳、試験、検査、データ処理、プログラム作成等

(2) 建設業法

　建設工事請負契約においては、自治体の契約の場合も建設業法が優先適用される。そこで、建設業法の概要を検討する。

① 建設業法の趣旨

> 第1条　この法律は、建設業を営む者の資質の向上、建設工事の請負契約の適正化等を図ることによつて、建設工事の適正な施工を確保し、発注者を保護するとともに、建設業の健全な発達を促進し、もつて公共の福祉の増進に寄与することを目的とする。

② 対等契約

　請負契約は、注文者と請負者の契約であるが、ともすれば注文者が優位に立つので、建設業法は、両者が対等であることを規定する。

> （建設工事の請負契約の原則）
> 第18条　建設工事の請負契約の当事者は、各々の対等な立場における合意に基いて公正な契約を締結し、信義に従つて誠実にこれを履行しなければならない。

③ 契約の書面化

　請負契約は、諾成契約であるから、必ずしも書面を要件としない。しかし、建設工事は、契約事項を法定し、その内容について書面化することを求めている。

　なお、自治体の契約も財務規則等の規定するところにより、契約書の作成が求められているが、建設工事請負契約においては、建設業法の規定が優先する。そのため、自治体の建設工事請負契約には、この法律に基づいて作成された「公共工事標準請負契約約款」が使用されている。

> （建設工事の請負契約の内容）

第19条　建設工事の請負契約の当事者は、前条の趣旨に従つて、契約の締結に際して次に掲げる事項を書面に記載し、署名又は記名押印をして相互に交付しなければならない。

(1)　工事内容

(2)　請負代金の額

(3)　工事着手の時期及び工事完成の時期

(4)　請負代金の全部又は一部の前金払又は出来形部分に対する支払の定めをするときは、その支払の時期及び方法

(5)　当事者の一方から設計変更又は工事着手の延期若しくは工事の全部若しくは一部の中止の申出があつた場合における工期の変更、請負代金の額の変更又は損害の負担及びそれらの額の算定方法に関する定め

(6)　天災その他不可抗力による工期の変更又は損害の負担及びその額の算定方法に関する定め

(7)　価格等（物価統制令（昭和21年勅令第118号）第２条に規定する価格等をいう。）の変動若しくは変更に基づく請負代金の額又は工事内容の変更

(8)　工事の施工により第三者が損害を受けた場合における賠償金の負担に関する定め

(9)　注文者が工事に使用する資材を提供し、又は建設機械その他の機械を貸与するときは、その内容及び方法に関する定め

(10)　注文者が工事の全部又は一部の完成を確認するための検査の時期及び方法並びに引渡しの時期

(11)　工事完成後における請負代金の支払の時期及び方法

(12)　工事の目的物が種類又は品質に関して契約の内容に適合しない場合におけるその不適合を担保すべき責任又は当該責任の履行に関して講ずべき保証保険契約の締結その他の措置に関する定めをするときは、その内容

(13)　各当事者の履行の遅滞その他債務の不履行の場合における遅延利息、違約金その他の損害金

(14)　契約に関する紛争の解決方法

2　請負契約の当事者は、請負契約の内容で前項に掲げる事項に該当するものを変更するときは、その変更の内容を書面に記載し、署名又は記名押印をして相互に交付しなければならない。

3　建設工事の請負契約の当事者は、前2項の規定による措置に代えて、政令で定めるところにより、当該契約の相手方の承諾を得て、電子情報処理組織を使用する方法その他の情報通信の技術を利用する方法であつて、当該各項の規定による措置に準ずるものとして国土交通省令で定めるものを講ずることができる。この場合において、当該国土交通省令で定める措置を講じた者は、当該各項の規定による措置を講じたものとみなす。

④　工事見積り

　　建設工事契約を締結するに当たっては、建設工事費用の見積書の提出が義務づけられている。

（建設工事の見積り等）

第20条　建設業者は、建設工事の請負契約を締結するに際して、工事内容に応じ、工事の種別ごとに材料費、労務費その他の経費の内訳を明らかにして、建設工事の見積りを行うよう努めなければならない。

2　建設業者は、建設工事の注文者から請求があつたときは、請負契約が成立するまでの間に、建設工事の見積書を提示しなければならない。

3　建設工事の注文者は、請負契約の方法が随意契約による場合にあつては契約を締結する以前に、入札の方法により競争に付する場合にあつては入札を行う以前に、第19条第1項第1号及び第3号から第14号までに掲げる事項について、できる限り具体的な内容を提示し、かつ、当該提示から当該契約の締結又は入札までに、建設業者が当該建設工事の見積りをするために必要な政令で定める一定の期間を設けなければならない。

2　自治体の工事請負契約

⑴　参加資格

　建設業法2条1項に規定する建設工事（以下、「建設工事」という。）の請負契約を締結する場合は、同条3項の建設業者でなければならない。

⑵　参加申込み

　建設工事の指名競争入札に参加し、又は随意契約における協議に加わろうとする者は、毎年別に長の定める方法により申込みをしなければならない。

　申込方法、期限等は、掲示その他の方法により公告する。

⑶　建設工事請負基準約款等

①　建設工事の請負契約については、特別の理由がある場合のほか建設工事請負基準約款により契約するものとする。

　建設工事に係る業務の委託契約については、特別の理由がある場合のほか、建設工事業務委託契約約款により契約するものとする。

②　契約書等の作成

ア　建設工事の請負契約については建設工事請負基準約款による旨を記載した契約書を作成し、契約の相手方が決定した日から起算して7日以内に契約書を交換しなければならない。

イ　建設工事に係る業務の委託契約については、建設工事業務委託契約約款による旨を記載した契約書を作成し、契約の相手方が決定した日から起算して7日以内に契約書を交換しなければならない。ただし、その価格が50万円を超えない場合には、契約の相手方の業務委託請書をもって業務委託契約書に代えることができる。

③　工事着手時期及び工期の起算

　建設工事の契約及び建設工事に係る業務の委託契約の相手方は、入札の公告又は指名の通知において特に指定しない場合は、契約締結の日から起算して7日以内に工事に着手しなければならない。ただし、天災そ

の他やむを得ない理由により、予定時期までに着手できない場合におい
て、市長の承認を得たときは、この限りでない。

　建設工事の工事期間及び建設工事に係る業務委託の委託期間は、入札
の公告又は指名の通知において特に指定しない場合は、契約締結の日か
ら起算する。

④　工事着手届等

　ア　契約者は、契約締結後7日以内に設計図書等に基づいて、請負代金
　　内訳書（以下、本条において「内訳書」という。）及び工程表を作成
　　して長に提出し、承認を受けなければならない。

　イ　契約者は、工事等に着手したときは、着手後5日以内に着手届を長
　　に提出しなければならない。

　ウ　長は、前2項の規定にかかわらず、数量契約の場合は内訳書を、工
　　期が10日以内の契約の場合は工程表を、次の各号に該当する場合は、
　　内訳書、工程表及び着手届をそれぞれ省略することができる。

　　㋐　一般委託に係る契約

　　㋑　単価契約による契約

　　㋒　契約金額が130万円以下の修繕に係る工事（修繕料で執行する工
　　　事に限る。以下、「小破修繕工事」という。）に係る契約

(4)　工事委託等の処理状況調査等関連施行の調整

①　長は、必要と認めるときは、工事委託又は一般委託（以下、「工事委
　託等」という。）における業務の処理状況について調査し、又は当該業
　務の受託者に対し、報告を求めることができる。

②　一括委任又は一括下請負の禁止

　　工事の契約者は、工事の全部若しくはその主たる部分又は他の部分か
　ら独立してその機能を発揮する工作物の工事を一括して第三者に委任
　し、又は請け負わせてはならない。

③　工事委託等の契約者は、業務の全部又は大部分を一括して第三者に委
　任し、又は請け負わせてはならない。

④　下請負者の通知

　　長は、契約者に対して下請負者の商号又は名称その他必要な事項の通知を求めることができる。

⑤　監督員

　ア　長は、監督員を置いたときは現場説明書又は仕様書により、監督員を変更したときは監督員通知書により、その氏名を契約者に通知しなければならない。

　イ　監督員は、市長の権限とされる事項のうち長が必要と認めて監督員に委任したもののほか、設計図書等で定めるところにより、次に掲げる権限を有する。

　　㋐　契約の履行についての契約者又は契約者の現場代理人に対する指示、承諾又は協議

　　㋑　設計図書等に基づく工事等又は一般委託の施行のための詳細図等の作成及び交付又は契約者が作成したこれらの詳細図等の承諾

　　㋒　設計図書等に基づく工程の管理若しくは立会い、工事等若しくは一般委託の施行状況の検査又は材料の試験若しくは検査（確認を含む。）

　　㋓　関連する２以上の工事等又は一般委託における工程等の調整

　ウ　長は、２人以上の監督員を置き、前項の規定による権限を分担させたときはそれぞれの監督員の有する権限の内容を、監督員に市長の権限の一部を委任したときは当該委任した権限の内容を、書面により契約者に通知しなければならない。

　エ　第２項の規定に基づく監督員の指示及び承諾は、原則として書面により行わなければならない。

⑥　工事の現場代理人等

　ア　工事の契約者は、次に掲げる者を定め、現場代理人及び主任技術者等届に経歴書を添えて市長に提出しなければならない。これらの者を変更したときも同様とする。ただし、小破修繕工事にあっては、当該

現場代理人及び主任技術者等届の提出を省略することができる。

　㋐　現場代理人（契約者が自ら権限を行使する場合を含む。以下同じ。）

　㋑　主任技術者（建設業法26条1項に規定する主任技術者をいう。以下同じ。）

　㋒　監理技術者（建設業法26条2項に規定する監理技術者をいう。以下同じ。）

　㋓　専門技術者（建設業法26条の2に規定する建設工事の施行の技術上の監理をつかさどる者をいう。以下同じ。）

イ　現場代理人は、契約の履行に関し、工事現場の運営及び取締りを行うほか、次に掲げる事項を除き、契約者の一切の権限を行使することができる。

　㋐　契約金額及び工期の変更

　㋑　契約代金の請求及び受領

　㋒　18条1項の請求書の受理及び同条3項の通知

　㋓　契約の解除

ウ　契約者は、前項の規定にかかわらず、自己の有する権限のうちこれを現場代理人に委任せず自ら行使しようとするときは、あらかじめ、当該権限の内容を書面により長に通知しなければならない。

エ　現場代理人は、常駐とする。ただし、長が特に認める軽微な工事にあっては、この限りでない。

オ　現場代理人、主任技術者等（主任技術者及び監理技術者をいう。以下同じ。）又は専門技術者は、互いにこれを兼ねることができる。

カ　工事委託等の現場代理人等

　　工事委託の契約者は、次に掲げる者を定め、現場代理人及び主任技術者等届を長に提出しなければならない。これらの者を変更したときも同様とする。

　㋐　現場代理人

　㋑　関係法令に規定する技術者（以下、単に「技術者」という。）

(5) **履行報告**

① 長は、工事等の施行上必要があると認めるときは、設計図書等に定めるところにより、契約者に当該事項の報告を求めることができる。

② 関係者に関する措置の請求

　ア　長は、現場代理人がその職務（主任技術者等又は専門技術者と兼任している現場代理人にあってはそれらの者の職務を含む。）の執行につき著しく不適当と認められるときは、契約者に対し、その理由を明示した書面により、必要な措置をとることを請求することができる。

　イ　長及び監督員は、主任技術者等、専門技術者（これらの者と現場代理人を兼任している者を除く。）その他契約者が契約を履行するために使用している下請負者、労働者等で契約の履行又は管理につき著しく不適当と認められるものがあるときは、契約者に対し、その理由を明示した書面により、必要な措置をとることを請求することができる。

　ウ　契約者は、前2項の請求を受けた場合は、その内容を審査し、請求を受けた日から10日以内に、当該請求に対する対応を書面により長に通知しなければならない。

　エ　契約者は、監督員がその職務の執行につき著しく不適当と認められるときは、長に対し、その理由を明示した書面により、必要な措置をとることを請求することができる。

　オ　長は、前項の請求を受けた場合は、その内容を審査し、請求を受けた日から10日以内に、当該請求に対する対応を書面により契約者に通知しなければならない。

(6) **材料の品質、検査等**

① 契約者は、材料の品質が設計図書等に明示されていない場合は、中等の品質（営繕工事にあっては、均衡を得た品質）を有するものを使用しなければならない。

② 契約者は、設計図書等において監督員の検査（確認を含む。）を受けて使用すべきものと指定された材料については、当該検査に合格したも

のを使用しなければならない。この場合において、検査に直接要する費
用は、契約者の負担とする。

③ 監督員は、契約者から前項の規定による検査を求められたときは、遅
滞なくこれに応じなければならない。

④ 契約者は、施行現場内に搬入した材料を監督員の承諾を受けないで施
行現場外に搬出してはならない。

⑤ 契約者は、検査の結果不合格と決定された材料については、遅滞なく
施行現場外に搬出しなければならない。

⑺ **監督員の立会い等**

① 監督員は、契約者から設計図書等において定められた材料の調合に係
る立会い又は見本検査を求められたときは、速やかにこれに応じなけれ
ばならない。

② 契約者は、監督員が正当な理由なく前項の求めに応じないため、その
後の工程に支障をきたすときは、書面により監督員に通知したうえ、当
該立会い又は見本検査を受けることなく、材料を調合して使用し、又は
契約を履行することができる。この場合において、契約者は、当該材料
の調合又は当該契約の履行を適切に行ったことを証する見本又は施行写
真等の記録を整備し、監督員の要求があったときは、遅滞なくこれを提
出しなければならない。

⑻ **支給材料及び貸与品**

① 長が契約者へ支給する材料（以下、「支給材料」という。）及び貸与す
る建設機械器具等（以下、「貸与品」という。）の品名、数量、品質、規
格又は性能、引渡場所及び引渡時期は、設計図書等に定めるところによ
る。

② 監督員は、支給材料又は貸与品の引渡しに当たっては、契約者の立会
いのうえ、当該支給材料又は貸与品を検査しなければならない。

③ 契約者は、支給材料又は貸与品の引渡しを受けたときは、速やかに長
に受領書又は借用書を提出しなければならない。

④　契約者は、支給材料又は貸与品の引渡しを受けた後、当該支給材料又は貸与品に第2項の検査により発見することが困難であった隠れた瑕疵があり、使用に適当でないと認めたときは、その旨を直ちに長に通知しなければならない。

⑤　長は、前項の通知書の提出を受けた場合は、その内容を審査し、必要があると認めるときは、当該支給材料又は貸与品に代えて他の支給材料若しくは貸与品を引き渡し、支給材料若しくは貸与品の品名、数量、品質、規格若しくは性能を変更し、又は理由を明示した書面により当該支給材料若しくは貸与品の使用を契約者に求めなければならない。

⑥　長は、前項に規定するもののほか、必要があると認めるときは、支給材料又は貸与品の品名、数量、品質、規格、性能、引渡場所又は引渡時期を変更することができる。

⑦　長は、前2項に規定する措置をとった場合は、必要に応じて契約期間若しくは契約金額を変更し、又は契約者の損害を賠償しなければならない。

⑧　契約者は、支給材料及び貸与品を善良な管理者の注意をもって管理しなければならない。

⑨　契約者は、設計図書等に定めるところにより、施行の完了、設計図書等の変更等によって不用となった支給材料又は貸与品を長に返還しなければならない。

⑩　契約者は、故意又は過失により支給材料又は貸与品を減失し、き損し、又はその返還が不可能となったときは、長の指定した期間内に代品を納め、支給材料若しくは貸与品を原状に復して返還し、又は返還に代えて損害を賠償しなければならない。

⑪　契約者は、支給材料又は貸与品の使用方法が設計図書等に明示されていないときは、監督員の指示に従わなければならない。

(9) 設計図書等不適合の措置

①　契約者は、施行部分が設計図書等に適合しない場合において、監督員

がその改造を請求したときは、これに従わなければならない。

② 監督員は、契約者が前記の規定に違反した場合において、必要があると認めるときは、当該施行部分を破壊して検査することができる。

③ 前項に規定するもののほか、監督員は、当該施行部分が設計図書等に適合しないと認められる相当の理由がある場合において、必要があると認められるときは、当該施行部分を最小限度破壊して検査することができる。

④ 前2項の場合において、検査及び復旧に直接要する費用は契約者の負担とする。

⑽　条件変更等

① 契約者は、施行に当たり、次の各号のいずれかに該当する事実を発見したときは、速やかに書面によりその旨を監督員に通知し、その確認を求めなければならない。

　ア　設計図書等における内容が交互符合しないこと。

　イ　設計図書等に誤り又は脱漏があること。

　ウ　設計図書等の表示が明確でないこと。

　エ　施行現場の形状、地質、湧水等の状態、施行上の制約等、設計図書等に示された自然的又は人為的な施行条件が実際の施行現場と相違すること。

　オ　設計図書等で明示されていない施行条件について予期することのできない特別の状態が生じたこと。

② 監督員は確認を求められたとき又は自ら前項に規定する事実を発見したときは、契約者の立会いのうえ、直ちに調査を行わなければならない。ただし、契約者が立会いに応じない場合には、契約者の立会いを得ずに行うことができる。

③ 長は、調査の結果を取りまとめ、その結果を契約者に通知しなければならない。この場合において、市長は、措置の内容を決定するときは、契約者の意見を聴かなければならない。

④　長は、②に規定する調査の結果、第１項に規定する事実が確認された場合は、必要に応じて施行内容の変更又は設計図書等の訂正を行わなければならない。この場合において、長は、施行内容を変更し、かつ、目的物の変更を伴わないときは、契約者と協議のうえ、施行内容の変更又は設計図書等の訂正を行うものとする。

⑤　次条第１項後段の規定は、前項の規定による施行内容の変更又は設計図書等の訂正について準用する。

(11)　**契約の変更、中止等**

①　長は、必要があると認めるときは、契約変更通知書により契約者に通知することにより、契約内容を変更し、又は契約の全部若しくは一部の履行を一時中止させることができる。この場合において、長が必要があると認めるときは、次項及び第３項に規定するところにより、契約期間若しくは契約金額を変更し、又は必要な費用等を長が負担するものとする。

②　契約期間又は契約金額の変更は、長及び契約者が協議して行う。

③　長は、契約内容を変更し、又は契約の全部若しくは一部の履行を一時中止させたことにより、契約者が施行現場を維持し、若しくは労働者、建設機械器具等を保持するための費用その他の契約の履行の一時中止に伴う増加費用を必要とし、又は契約者に損害を及ぼしたときは、必要な費用を負担しなければならない。この場合において、長は、当該負担額を契約者と協議のうえ定めるものとする。

④　長は、次に掲げる理由により契約者が契約を履行できないと認めるときは、第１項の規定により契約の全部又は一部の履行を中止させなければならない。

　ア　施行用地等の確保等ができないとき。

　イ　天災その他の不可抗力により目的物等に損害を生じ、又は施行現場の状態が変動したとき。

⑿ **賃金又は物価の変動に基づく契約金額の変更（スライド条項）**

① 長及び契約者は、契約期間内で契約締結の日から12月を経過した後に日本国内における賃金水準又は物価水準の変動により契約金額が不適当となったと認めたときは、書面により相手方に対して契約金額の変更を請求することができる。

② 長及び契約者は、前項の規定による請求があったときは、変動前未履行金額（契約金額から当該請求時の出来形部分に相当する金額を控除した額をいう。以下同じ。）と変動後未履行金額（変動後の賃金又は物価を基礎として算出した変動前未履行金額に相当する額をいう。以下同じ。）との差額のうち変動前未履行金額の1,000分の15を超える額について協議するものとする。

③ 変動前未履行金額及び変動後未履行金額は、請求のあった日を基準とし、物価指数等に基づき長及び契約者が協議して定める。ただし、当該協議の開始の日から21日以内に当該協議が成立しない場合には、長は、変動前未履行金額及び変動後未履行金額を定め、書面をもって、契約者に通知するものとする。

④ 第1項の規定による請求は、本条の規定により契約金額の変更を行った後に再度行うことができる。この場合においては、第1項中「契約締結の日」とあるのは「直前の本条に基づく契約金額変更の基準とした日」とするものとする。

⑤ 特別な要因により契約期間内に主要な材料の日本国内における価格に著しい変動を生じ、契約金額が不適当となったときは、長及び契約者は、前各項の規定によるほか、契約金額の変更を請求することができる。

⑥ 予期することのできない特別な事情により、契約期間内に日本国内において急激なインフレーション又はデフレーションを生じ、契約金額が著しく不適当となったときは、長及び契約者は、前各項の規定によるほか、契約金額の変更を請求することができる。

⑦ 前2項の場合において、契約金額の変更額については、長及び契約者

が協議して定める。ただし、当該協議の開始の日から21日以内に協議が整わない場合にあっては、長が定め、契約者に通知する。

⑧　第3項又は前項の協議の開始の日については、長が契約者の意見を聴いて定め、書面をもって、契約者に通知する。ただし、長が第1項、第5項又は第6項の請求を行った日又は受けた日から7日以内に当該協議の開始の日を通知しない場合には、契約者は、当該協議の開始の日を定め、書面をもって、長に通知することができる。

⒀　**損害**

①　一般的損害

目的物の引渡し前に、目的物又は材料について生じた損害その他契約の履行に関して生じた損害は、契約者の負担とする。ただし、その損害（保険等によりてん補された部分を除く。）のうち長の責めに帰すべき理由により生じたものについては、長が負担する。

②　第三者に及ぼした損害

ア　契約の履行により第三者に損害を及ぼしたときは、契約者がその損害を賠償しなければならない。ただし、その損害（保険等によりてん補された部分を除く。）のうち長の責めに帰すべき事由により生じたものについては、長が負担する。

イ　前項の規定にかかわらず、契約の履行に伴い、通常避けることができない理由により第三者に損害を及ぼしたときは、長がその損害を賠償しなければならない。ただし、その損害のうち契約の履行につき契約者が善良な管理者の注意義務を怠ったことにより生じたものについては、契約者が負担する。

ウ　前2項の場合その他契約の施行について第三者との間に紛争を生じた場合は、長及び契約者が協力してその処理解決にあたるものとする。

③　不可抗力による損害

ア　目的物の引渡し前に、天災その他の不可抗力（設計図書等で基準を定めたものにあっては、当該基準を超えるものに限る。）により、目

的物、仮設物、現場搬入済みの材料又は建設機械器具に損害が生じた
ときは、契約者は、その事実の発生後直ちにその状況を長に通知しな
ければならない。

イ　長は、前項の通知書の提出を受けた場合は、直ちに調査を行い、前
項に規定する損害（契約者が善管注意義務を怠ったことに基づくもの
保険等によりてん補された部分を除く。）の状況を確認し、その調査
結果を書面により契約者に通知しなければならない。

⒁　**損害合計額**

①　目的物に関する損害

損害を受けた目的物に相当する契約金額とし、残存価値がある場合に
はその評価額を差し引いた額とする。

②　材料に関する損害

損害を受けた材料で通常妥当と認められるものに相当する契約金額と
し、残存価値がある場合にはその評価額を差し引いた額とする。

③　仮設物又は建設機械器具に関する損害

損害を受けた仮設物又は建設機械器具で通常妥当と認められるものに
ついて、当該契約の履行により償却することとしている減価償却費の額
から損害を受けた時点における目的物に相当する減価償却費の額を差し
引いた額とする。ただし、修繕によりその機能を回復することができ、
かつ、修繕費の額が上記の額より少額であるものについては、その修繕
費の額とする。

⒂　**契約金額の変更に代える施行内容の変更**

長は、特別の理由があるときは、契約金額の増額の全部又は一部に代え
て施行内容を変更することができる。この場合において、変更すべき施行
内容は、長及び契約者が協議して定める。

⒃　**給付の完了**

①　契約者は、工事等又は一般委託の給付が完了したときは、工事等に
あってはしゅん工届を、一般委託にあっては完了届を長に提出しなけれ

ばならない。ただし、長が認める契約にあっては、この限りでない。

② 　電子帳票その他のやむを得ない事情があるときは、完了届の記載又は
必要事項の一部を省略することができる。

⒄ **部分使用**

① 　長は、引渡し前においても、目的物の全部又は一部を契約者の書面に
よる同意を得て使用することができる。

② 　長は、目的物を使用する場合は、その使用部分を善良な管理者の注意
をもって使用しなければならない。

③ 　長は、第1項の規定により目的物を使用して契約者に損害を及ぼし、
又は契約者の費用が増加したときは、その損害を賠償し、又は増加費用
を負担しなければならない。この場合において、市長は、賠償額又は負
担額を契約者と協議のうえ定めるものとする。

⒅ **前払い金**

① 　根拠法

　ア　公共工事の前払金保証事業に関する法律

　　㋐　公共工事の前払金は、資材の購入、労働者の確保等のための着工
資金として、発注者から建設業者へ支払われる。

　　㋑　発注者が前払金を支払うためには、建設業者と保証事業会社が保
証契約を締結していることが必要。

　　㋒　保証事業会社は、前払金が当該公共工事に適正に使用されている
かについて、厳正に監査しなければならない（27条）。

　イ　当該経費の3割を超えない範囲（自治令附則7条）

　ウ　50万円以上の土木建築工事の一定の要件を満たすもの（自治規則附
則3条）

② 　工事等の契約者は、契約書により前払金を支払う旨の記載がある場合
において当該前払金を受けようとするときは、保証事業会社（公共工事
の前払金保証事業に関する法律（昭和27年法律第184号）2条4号に規
定する保証事業会社をいう。以下同じ。）と、契約期間の満了日を保証

期限とし、同条５項に規定する保証契約（以下、単に「保証契約」とい
う。）を工事等の契約者は、前項の規定により保証契約を締結したとき
は、速やかに当該保証証書を長に寄託しなければならない。

③　長は、前払金の支払いの請求を受けた場合は、その内容を審査し、前
払金を支払うことを決定したときは、当該請求書の提出を受けた日から
14日以内に支払わなければならない。ただし、長が特別な事情があると
認めるときは、契約者に告知することにより、この期間を21日以内に延
長することができる。

⒆　**部分払い**

①　部分払いとは、工事、製造その他の請負契約に係る既成部分又は物件
の買入契約に係る既納部分に対し、工事、製造等の完成前又は物件の完
納前にその代価の一部を支払う特約がある場合に、その特約に基づい
て、契約の部分的な履行に対し、代価の一部を支払うことである。部分
払いは、概算払い又は前金払いと異なり、自治法及び自治令に根拠はな
いが、契約の一部が履行されたものとして許容されるものであるので、特
約があるとしても無制限に認められるものではなく、金額の制限のほか、
運用に当たっては、支払いの回数についても制限して特約すべきである。

②　契約者は、契約書により部分払いを行う旨の記載がある場合は、部分
払回数の範囲内で、工事等の完成前に、既成部分（工事等の請負契約に
おいて既に完了している部分をいう。以下同じ。）に相当する額に検査
済材料に相当する額を加えた金額（以下、「出来高金額」という。）の
100分の90以内の額（以下、「査定額」という。）について、財務規則の
規定するところにより部分払いを請求することができる。

3　公共工事の入札及び契約の適正化の促進に関する法律 （入札適正化法）

公共工事の入札及び契約の適正化を図るため、平成13年４月１日からこ
の法律が施行され、その後改正法が令和元年９月14日施行された。その主

要な内容は以下のとおりであり、自治体の契約過程において、この法律（以下、「適正化法」という。）の規定に従わなければならない。

⑴　適正化法の対象工事（1条）

適正化法の対象となる国、特殊法人等及び地方公共団体が発注する「公共工事」は、道路、河川、港湾、下水道等のいわゆる公共事業に係る発注のみならず、これらの機関が発注する全ての工事を対象としている。したがって、公立の学校や病院、官公庁施設等の施設整備や公務員宿舎の整備等も含まれる。

⑵　入札・契約の適正化の基本となるべき事項（3条）

公共工事の入札・契約は、次の事項を基本とし、適正化を図るものとしている。

①　入札・契約の過程、内容の透明性の確保

②　入札参加者の公正な競争の促進

③　談合その他の不正行為の排除の徹底

④　公共工事の適正な施工の確保

⑶　地方公共団体に対する義務付け措置

①　毎年度の発注見通しの公表（7条）

発注者は、毎年度、発注見通し（発注工事名、入札・契約の方法、入札予定時期等）を公表しなければならない。例えば年2回程度、年度当初には年度全体の見通しを、下半期初めには年度後半の見通しを公表する、といったことが考えられる。

なお、災害直後に緊急的に行う復旧工事や用地の取得や関係機関との調整が終了していない等の理由により、公表時点では発注の見通しが立っていない工事は、公表の対象から除かれる。さらに、国、特殊法人等及び地方公共団体の行為を秘密にする必要がある場合や、予定価格が少額である場合は、対象から除外することとしている。

②　入札・契約に係る情報の公表（8条）

適正化法は、発注者は、入札・契約の過程（入札参加者の資格、入札

者・入札金額、落札者・落札金額等）及び契約の内容（契約の相手方、契約金額等）を公表しなければならない。この対象となる工事についても、発注見通しと同様、国、特殊法人等及び地方公共団体の行為を秘密にする必要がある場合や、予定価格が少額である場合は、対象から除外することとしている。以下 8 条の規定を掲げる。

第 8 条　地方公共団体の長は、政令で定めるところにより、次に掲げる事項を公表しなければならない。

(1)　入札者の商号又は名称及び入札金額、落札者の商号又は名称及び落札金額、入札の参加者の資格を定めた場合における当該資格、指名競争入札における指名した者の商号又は名称その他の政令で定める公共工事の入札及び契約の過程に関する事項

(2)　契約の相手方の商号又は名称、契約金額その他の政令で定める公共工事の契約の内容に関する事項

---

③　公共工事の入札及び契約の適正化の促進に関する法律施行令

　　前記適正化法 8 条の規定を受けて、同政令は地方公共団体による入札及び契約の過程並びに契約の内容に関する事項の公表について次のように規定している。

第 7 条　地方公共団体の長は、次に掲げる事項を定め、又は作成したときは、遅滞なく、当該事項を公表しなければならない。これを変更したときも、同様とする。

(1)　地方自治法施行令（昭和22年政令第16号。以下「自治令」という。）第167条の 5 第 1 項に規定する一般競争入札に参加する者に必要な資格及び当該資格を有する者の名簿

(2)　自治令第167条の11第 2 項に規定する指名競争入札に参加する者に必要な資格及び当該資格を有する者の名簿

---

(3)　指名競争入札に参加する者を指名する場合の基準

2　地方公共団体の長は、公共工事（予定価格が250万円を超えないもの及び公共の安全と秩序の維持に密接に関連する公共工事であって当該地方公共団体の行為を秘密にする必要があるものを除く。）の契約を締結したときは、当該公共工事ごとに、遅滞なく、次に掲げる事項を公表しなければならない。ただし、第１号から第８号までに掲げる事項にあっては、契約の締結前に公表することを妨げない。

(1)　自治令第167条の５の２の規定により一般競争入札に参加する者に必要な資格を更に定め、その資格を有する者により当該入札を行わせた場合における当該資格

(2)　一般競争入札を行った場合における当該入札に参加しようとした者の商号又は名称並びにこれらの者のうち当該入札に参加させなかった者の商号又は名称及びその者を参加させなかった理由

(3)　指名競争入札を行った場合における指名した者の商号又は名称及びその者を指名した理由

(4)　入札者の商号又は名称及び入札金額（随意契約を行った場合を除く。）

(5)　落札者の商号又は名称及び落札金額（随意契約を行った場合を除く。）

(6)　自治令第167条の10第１項（自治令第167条の13において準用する場合を含む。）の規定により最低の価格をもって申込みをした者を落札者とせず他の者のうち最低の価格をもって申込みをした者を落札者とした場合におけるその者を落札者とした理由

(7)　自治令第167条の10第２項（自治令第167条の13において準用する場合を含む。）の規定により最低制限価格を設け最低の価格をもって申込みをした者を落札者とせず最低制限価格以上の価格をもって申込みをした者のうち最低の価格をもって申込みをした者を落札者とした場合における最低制限価格未満の価格をもって申込みをした者の商号又は名称

(8)　自治令第167条の10の２第１項若しくは第２項の規定により落札者を決定する一般競争入札（以下「総合評価一般競争入札」という。）又は自治令第

167条の13において準用する自治令第167条の10の２第１項若しくは第２項の規定により落札者を決定する指名競争入札（以下「総合評価指名競争入札」という。）を行った場合における次に掲げる事項

イ　当該総合評価一般競争入札又は当該総合評価指名競争入札を行った理由

ロ　自治令第167条の10の２第３項（自治令第167条の13において準用する場合を含む。）に規定する落札者決定基準

ハ　自治令第167条の10の２第１項（自治令第167条の13において準用する場合を含む。）の規定により価格その他の条件が当該地方公共団体にとって最も有利なものをもって申込みをした者を落札者とした場合におけるその者を落札者とした理由

ニ　自治令第167条の10の２第２項（自治令第167条の13において準用する場合を含む。）の規定により落札者となるべき者を落札者とせず他の者のうち価格その他の条件が当該地方公共団体にとって最も有利なものをもって申込みをした者を落札者とした場合におけるその者を落札者とした理由

(9)　次に掲げる契約の内容

イ　契約の相手方の商号又は名称及び住所

ロ　公共工事の名称、場所、種別及び概要

ハ　工事着手の時期及び工事完成の時期

ニ　契約金額

(10)　随意契約を行った場合における契約の相手方を選定した理由

3　地方公共団体の長は、前項の公共工事について契約金額の変更を伴う契約の変更をしたときは、遅滞なく、変更後の契約に係る同項第９号ロからニまでに掲げる事項及び変更の理由を公表しなければならない。

4　前３項の規定による公表は、公衆の見やすい場所に掲示し、又は公衆の閲覧に供する方法で行わなければならない。

5　第５条第３項の規定は、前項の規定による公衆の閲覧について準用する。

6　第2項又は第3項の規定により公表した事項については、少なくとも、公表した日（第2項第1号から第8号までに掲げる事項のうち契約の締結前に公表した事項については、契約を締結した日）の翌日から起算して1年間が経過する日まで掲示し、又は閲覧に供しなければならない。

(4)　不正行為等に対する措置

　発注者は、談合があると疑うに足りる事実があるときは、公正取引委員会に対し通知しなければならない。特に、同一価格の入札が数名にわたる場合や同一価格入札のくじ引き辞退等、談合があることが疑わしい事実が発生した場合、自治体担当者は、直ちに公正取引委員会に対し、その事実を通知しなければならない。

　また、発注者は、一括下請負等があると疑うに足りる事実があるときは、建設業許可行政庁等に対し通知しなければならない。

(5)　入札金額の内訳書の提出

　公共工事の入札に係る申込みの際に、入札金額の内訳を記載した書類を提出しなければならない。

(6)　施工体制の適正化

　公共工事においては、一括下請負（丸投げ）を全面的に禁止した。すなわち、建設業法では、一括下請負は禁止されているが、発注者による書面の承諾がある場合には、禁止が解除される。

　しかし、適正化法では、公共工事においては、厳格な入札・契約手続を踏んで契約の相手方が選定されている等、一括下請負を認める必要性が全くないことから、全面的に禁止した。受注者は、発注者に対し、施工体制台帳の写しを提出しなければならないものとし、実際の工事現場の点検を発注者から求められたらこれを拒否できないとしている。受注者は、施工体系図を工事関係者の見やすい場所に加え、公衆が見やすい場所にも掲示しなければならないこととしている。発注者は、受注者の施工体制の状況の点検その他の施工体制を適正なものとするために必要な措置を講じなけ

ればならない。県知事は、建設業者に対し、関係法令に関する知識の普及
等に努めるものとしている。

4　入札談合等関与行為の排除及び防止並びに職員による入札等の公正を害すべき行為の処罰に関する法律（官製談合防止法）

　公正取引委員会は、平成12年5月、北海道上川支庁の担当者が農業土木
工事において、工事発注者に関する意向を示していた等の事実が認められ
たため、談合を行った受注業者に対し排除勧告を行い、北海道庁に対し、
事実上の改善を要請した。この事件を受けて、この法律は、議員立法とし
て成立した。平成15年1月6日施行されたが、その後、官製談合として疑
われる事件が発生したため、法の一部改正が行われ、改正法は平成19年3
月14日から施行された。

(1)　要件

　国、特殊法人・地方公共団体の職員が、以下の行為を行った場合に、公
正取引委員会は当該発注機関に対し、改善措置を要求できる。

①　事業者や事業者団体に入札談合を行わせること

②　契約の相手方となるべき者をあらかじめ指名したり、特定の者を契
　約の相手方となるべきものとして、希望する旨の意向を教示・示唆す
　ること

③　入札又は契約に関する情報のうち特定の事業者又は事業者団体が知
　ることによりこれらの者が入札談合等を行うことが容易となる情報で
　あって秘密として管理されているものを、特定の者に対して教示し、
　又は示唆すること

(2)　懲戒処分

　発注機関は入札談合に関与した職員に対し、損害賠償を請求し、懲戒処
分にすることもできる。

(3)　職員による入札等の妨害

　本法の施行当時は、入札妨害等に関する罰則規定は設けられておらず、

懲戒処分に関する規定があるのみであった。しかるに、前述のとおり、官製談合といわれる事件が多発したため、平成19年３月14日から、刑事罰を設けた次の規定を追加した改正法が施行された。

第８条　職員が、その所属する国等が入札等により行う売買、貸借、請負その他の契約の締結に関し、その職務に反し、事業者その他の者に談合を唆すこと、事業者その他の者に予定価格その他の入札等に関する秘密を教示すること又はその他の方法により、当該入札等の公正を害すべき行為を行ったときは、５年以下の懲役又は250万円以下の罰金に処する。

5　公共工事の品質確保の促進に関する法律の概要

従来公共事業は、「安かろう、悪かろう」であるといわれてきた。しかし、そのことを許容するとしたら、税金の無駄遣いということになる。そこで、本法律を施行することによって、公共事業の品質を確保しようとしたものである。この法律は、平成17年４月に施行され、平成26年６月及び令和元年６月に改正法が公布、施行された。

(1)　**目的**

公共工事の品質確保に関し、現在及び将来の公共工事の品質確保及び品質確保の担い手の中長期的な育成及び確保の促進（法１条）。

(2)　**基本理念**

公共工事の品質は、次の①～⑦により確保する（法３条）。

①　国、地方公共団体、発注者、受注者がそれぞれの役割を果たす。

②　公共工事の品質が受注者の技術的能力に負うところが大きいこと、個別の工事により条件が異なること等の特性を有することに鑑み、経済性に配慮しつつ価格以外の多様な要素をも考慮し、価格及び品質が総合的に優れた内容の契約がなされることにより確保する。

③　公共工事の品質確保の担い手として中長期的に育成され、及び確保さ

れることが必要。

④ 適切な点検、診断・修繕等の維持管理を実施する。

⑤ ダンピング受注を防止する。

⑥ 地域において災害時における対応を含む地域における公共工事の品質確保の担い手の育成及び確保に配慮する。

⑦ 下請契約を含む請負契約の適正化と公共工事に従事する者の賃金・安全衛生等の労働環境を改善する。

(3) 発注者の責務の明確化

① 市場における労務・資材等の取引価格、予定価格の適正な設定

② 不調、不落の場合における見積の徴取

③ 低入札価格調査基準や最低制限価格の設定

④ 計画的な発注・適切な工期設定・適切な設計変更

(4) 多様な入札及び契約の方法

① 技術提案交渉方式（民間のノウハウを活用・実際価格での契約）

② 段階的選抜方式（新規参加が不当に制限されないようにしつつ、発注者の事務軽減

③ 地域社会資本の維持（地元に明るい中小業者による安定受注）

④ 若手技術者・技能者の育成・機械保有、災害体制の審査・評価

(5) 政府等の取組み

① 政府は、公共工事の品質確保の促進に関する施策を総合的に推進するための基本方針を策定。関係省庁、地方公共団体等は、基本方針に基づき必要な措置を実施するよう努力する。

② 政府は、関係行政機関による協力体制の整備等を措置する。

(6) 発注手続

① 発注者は、競争参加者の技術的能力（工事の経験、施工状況の評価、配置予定技術者の経験等）を審査する。

② 発注者は、競争参加者から技術提案を求めるよう努力し（工事の内容からみて必要がない場合は除外）、これを適切に審査・評価。この際、

公平性・透明性を確保するよう措置する。

③　発注者は、審査において技術提案についての改善を求め、又は改善を提案する機会を与えることが可能である。その過程の概要は公表する。

④　発注者は、高度な技術等を含む技術提案を求めたときは、技術提案の審査後に予定価格を定めることが可能である。この際、中立の立場で公正な判断が出来る学識経験者の意見を聴取する。

(7)　発注者の支援

①　発注者は、自ら発注関係事務を適切に実施することが困難であるときは、国、地方公共団体その他の者の能力を活用するよう努める（法15条）。その際、知識・経験、法令順守・秘密保持等の条件を備えた者を選定する。

②　国・都道府県は、発注関係事務を適切に実施することができる者の育成等に努力する。

6　工事請負契約に係る問題事例とその対処

(1)　談合事件の損害賠償請求

①　談合事件の発生は、適正な価格構成を侵害し、税金の無駄遣いとなるものである。そこで、談合により形成された価格と本来競争により形成されるべきであった適正価格との差額は、自治体の被った損害となる。その場合の損害賠償請求の法的根拠としては、独占禁止法25条に基づく損害賠償請求、民法709条に基づく損害賠償請求とがある。

しかし、従来は損害賠償の請求が困難であった。それは、損害賠償請求を求めて訴える場合には、訴えを提起する者が、損害賠償額を具体的に示して請求しなければならなかったからである。その後、平成8年に民事訴訟法が全面改正され、損害賠償請求を求める場合に、請求金額を具体的に記載しなくとも相当な損害を求めることで、請求として認められることとなった。

②　また、この損害賠償請求を求めることは自治体の義務である。この点

で最高裁判決は、次のように述べている。

1　地方公共団体が有する債権の管理について定める法240条、地方自治法施行令171条から171条の7までの規定によれば、客観的に存在する債権を理由もなく放置したり免除したりすることは許されず、原則として、地方公共団体の長にその行使又は不行使についての裁量はない（最高裁平成12年（行ヒ）第246号同16年4月23日第二小法廷判決・民集58巻4号892頁参照）。

　もっとも、地方公共団体の長が債権の存在をおよそ認識し得ないような場合にまでその行使を義務付けることはできない上、不法行為に基づく損害賠償請求権は、債権の存否自体が必ずしも明らかではない場合が多いことからすると、その不行使が違法な怠る事実に当たるというためには、少なくとも、客観的に見て不法行為の成立を認定するに足りる証拠資料を地方公共団体の長が入手し、又は入手し得たことを要するものというべきである。

　なお、独禁法違反の行為によって自己の法的利益を害された者は、当該行為が民法上の不法行為に該当する限り、公取委による審決の有無にかかわらず、不法行為に基づく損害賠償請求権を行使することを妨げられないのであり（最高裁昭和60年（オ）第933号、第1162号平成元年12月8日第二小法廷判決・民集43巻11号1259頁参照）、審決が確定するまで同請求権を行使しないこととすると、地方公共団体が被った損害の回復が遅れることとなる上、同請求権につき民法724条所定の消滅時効が完成するなどのおそれもあるから、仮に、独禁法違反の事実を認める審決がされ、将来的にその審決が確定した場合には独禁法25条に基づく損害賠償請求権を行使することが可能になる（そして、同請求権を行使する場合、不法行為に基づく損害賠償請求権を行使する場合と比べ、主張、立証の負担が軽減される）としても、そのことだけでは、当然に不法行為に基づく損害賠償請求権を行使しないことを正当化する理由となるものではないというべきである。

2　前記事実関係等によれば、本件訴訟の第1審判決前に公取委がした別件審決は、被上告人5社が遅くとも平成6年4月以降、地方公共団体が発注するストーカ炉の新設等の工事について談合を行っていたとの事実を認定した上で、被上告

人5社に対し排除措置を命ずるものであったというのであり（なお、記録によれば、別件審決において、本件工事が、具体的な証拠から被上告人5社が受注予定者を決定したと推認される工事の一つとして挙げられていることがうかがわれる。）、また、本件訴訟の第1審判決は、被上告人5社が談合に関する基本合意に基づき本件入札までに本件共同企業体を受注予定者とする個別談合を行い、被上告人Ｙ1もこれに協力したという共同不法行為の事実を認定した上で、被上告人らに対する損害賠償請求を一部認容するものであった。さらに、市長が本件訴訟の第1審において当初被告とされていたことは記録上明らかであるから、市長は、本件訴訟が原審に係属していたことを知っていたものということができ、本件訴訟において証拠として提出された別件審判事件の資料や別件審決の審決書等の証拠資料を容易に入手することができたものと考えられる。

そうすると、仮に、本件訴訟において提出された証拠により、被上告人らによる上記不法行為の事実が認定され得るのであれば、市長は、客観的に見て上記不法行為の成立を認定するに足りる証拠資料を入手し得たものということができるのであり、そうであるとすれば、遅くとも本件訴訟の第1審判決の時点では、市長において、不法行為に基づく損害賠償請求権を行使することにつき、格別の支障がなかったものと一応判断されるのである。

ところが、原審は、上記のような事情につき何ら触れることなく、別件審決の確定まで不法行為に基づく損害賠償請求権を行使しないことに合理性があると判断したのであって、その主たる根拠として挙げているのも、談合による不法行為に基づく損害賠償請求権が容易に主張、立証が可能な債権というものではないなどといった一般的、形式的な理由にすぎず、本件訴訟に提出された証拠の具体的内容等を十分に検討した上でそのような判断をしたものではない。市長が独禁法25条に基づく損害賠償請求権を行使することも可能であることは原審の説示するとおりであるが、そのような理由だけで直ちに不法行為に基づく損害賠償請求権の不行使を正当化することができないことは、前記1で述べたとおりである。なお、原審は、別件審決が確定した時点を不法行為に基づく損害賠償請求権の消滅時効の起算点と解することができるとして、この点を同請求権の不行使を

正当化する理由の一つとして挙げているが、前記の事情の下では、市長は、被上告人らに対する賠償請求をすることが事実上可能な状況の下に、それが可能な程度に損害及び加害者を知ったものということができるから、別件審決が確定していないことは、上記請求権の消滅時効の進行を妨げるものではないというべきである（最高裁昭和45年（オ）第628号同48年11月16日第二小法廷判決・民集27巻10号1374頁参照）。

3　以上によれば、被上告人らによる不法行為の成立を認定するに足りる証拠資料の有無等につき本件訴訟に提出された証拠の内容、別件審決の存在・内容等を具体的に検討することなく、かつ、前記のような理由のほかに不法行為に基づく損害賠償請求権の不行使を正当とするような事情が存在することについて首肯すべき説示をすることなく、同請求権の不行使が違法な怠る事実に当たらないとした原審の判断には、判決に影響を及ぼすことが明らかな法令の違反がある。（最高裁（3小）平成21年4月28日判決・破棄差戻）

③　前述したように、平成8年に民事訴訟法が全面改正され、平成10年から施行されたが、この新民事訴訟法248条によると、損害賠償を求める訴訟の請求の趣旨として「相当の額の支払いを求める」とすれば、訴状としての要件が足りることとなった。

　そのため、談合が生じた場合、談合によって落札した者に対し、相当な損害の支払いを求める旨の訴えを提起すれば足りることとなった。すでに、現在、民事訴訟法248条に基づく談合事件にかかる損害賠償の多くの判決が出されている。それらの判決によると、損害の額は、談合の価格と適正な価格の差額として、談合価格（当初契約金額）の2％から8％であると判断されている。なお、談合に対する損害賠償請求権を行使しない長の行為が怠る事実の違法確認訴訟の対象となるとする前述の最高裁判決がある。そうすると、当該損害賠償請求権を放置して時効になれば、長は損害賠償責任を負うことになるので、注意が必要である。

　また、訴訟を提起する場合の公正取引委員会への資料の提出について

は、公正取引委員会のホームページに登載されているので、参照すると
よい。

(2)　制度運用上の課題とその対策

①　指名停止

ア　指名停止は処分か

　　指名停止とは、競争入札に参加すべき資格を有する者が、工事事故、
贈賄及び談合等の不正行為等を起こした場合に、その者の競争入札へ
の参加資格を停止することをいう。したがって、指名停止が行われる
と、その者は当該自治体の競争入札に参加できない。どのような事案
について、指名停止を行うかについては、あらかじめ要綱等で示され
ているのが一般である。この要綱等の要件に該当すれば、当該自治体
から指名停止の通知が行われる。この指名停止の通知は、行政事件訴
訟法の規定する処分といえるか。仮に、指名停止が処分といえれば、
指名停止を受けた者は、その処分の取消しを求めて訴え提起ができる。

　　ところで、行政事件訴訟法の規定する処分とは、当該行為者の権利
を制限したり、義務を課したり、権利の範囲を確定する行為だとする
のが判例である。このことを、指名停止についてみると、登録されて
いる業者は当然に指名される地位にあるわけではなく、指名を受けた
場合に、入札に参加する資格があるに過ぎない。

　　このように指名停止は、入札に参加する地位が一定期間剥奪される
ということであって、契約上の権利を侵害するという地位に未だな
い。そうすると、指名停止は、法律上の権利行使を制限されるもので
はないから、処分ではない。

イ　指名停止と損害賠償

　　指名停止が処分ではないとして、入札者としての地位につくことが
禁止されるわけであるから、その停止が故意又は過失により違法に行
われたとしたら損害賠償が請求できるであろうか。仮に、自治体職員
の過失により、指名停止が行われたとしたら、契約者たる期待権を侵

害したものとして、損害賠償は認められる場合が存するであろう。

②　指名回避

指名停止ではなく、意識して、ある者を指名しない場合を指名回避という。指名回避も場合により、損害賠償の対象となりうる。

最高裁の判例では次のような事例がある。

1　地方自治法等の定めは、普通地方公共団体の締結する契約については、その経費が住民の税金で賄われること等にかんがみ、機会均等の理念に最も適合して公正であり、かつ、価格の有利性を確保し得るという観点から、一般競争入札の方法によるべきことを原則とし、それ以外の方法を例外的なものとして位置付けているものと解することができる。また、公共工事の入札及び契約の適正化の促進に関する法律は、公共工事の入札等について、入札の過程の透明性が確保されること、入札に参加しようとする者の間の公正な競争が促進されること等によりその適正化が図られなければならないとし（3条）、前記のとおり、指名競争入札の参加者の資格についての公表や参加者を指名する場合の基準を定めたときの基準の公表を義務付けている。以上のとおり、地方自治法等の法令は、普通地方公共団体が締結する公共工事等の契約に関する入札につき、機会均等、公正性、透明性、経済性（価格の有利性）を確保することを図ろうとしているものということができる。

2　前記事実関係等によれば、木屋平村においては、従前から、公共工事の指名競争入札につき、村内業者では対応できない工事についてのみ村外業者を指名し、それ以外は村内業者のみを指名するという運用が行われていたというのである。確かに、地方公共団体が、指名競争入札に参加させようとする者を指名するに当たり、①工事現場等への距離が近く現場に関する知識等を有していることから契約の確実な履行が期待できることや、②地元の経済の活性化にも寄与することなどを考慮し、地元企業を優先する指名を行うことについては、その合理性を肯定することができるものの、①又は②の観点からは村内業者と同様の条件を満たす村外業者もあり得るのであり、価格の有利性確保（競争性の低下防止）の観

点を考慮すれば、考慮すべき他の諸事情にかかわらず、およそ村内業者では対応できない工事以外の工事は村内業者のみを指名するという運用について、常に合理性があり裁量権の範囲内であるということはできない。

3　このような上告人につき、上記のような法令の趣旨に反する運用基準の下で、主たる営業所が村内にないなどの事情から形式的に村外業者に当たると判断し、そのことのみを理由として、他の条件いかんにかかわらず、およそ一切の工事につき平成12年度以降全く上告人を指名せず指名競争入札に参加させない措置を採ったとすれば、それは、考慮すべき事項を十分考慮することなく、一つの考慮要素にとどまる村外業者であることのみを重視している点において、極めて不合理であり、社会通念上著しく妥当性を欠くものといわざるを得ず、そのような措置に裁量権の逸脱又は濫用があったとまではいえないと判断することはできない。

4　以上によれば、木屋平村における指名についての前記運用と上告人が村外業者に当たるという判断が合理的であるとし、そのことのみを理由として、平成12年度以降上告人を公共工事の指名競争入札において指名しなかった木屋平村の措置が違法であるとはいえないとした原審の判断には、判決に影響を及ぼすことが明らかな法令の違反がある。論旨はこの趣旨をいうものとして理由があり、原判決のうち同年度以降の指名回避を理由とする損害賠償請求に関する部分は破棄を免れない。そして、被上告人が上告人を指名しなかった理由として主張する他の事情の存否、それを含めて考えた場合に指名をしなかった措置に違法（職務義務違反）があるかどうかなどの点について更に審理を尽くさせるため、同部分につき本件を原審に差し戻すのが相当である（最高裁（1小）平成18年10月26日判決）。

7　完成・検査

　請負者は、工事を完了したときは、設計図書に適合していることを確認して、監理者に検査を求め、監理者は速やかにこれに応じて請負者の立会

いのもとに検査を行う。通常は、一度で合格ということはまれであって、一定期間を設定して再検査・再々検査が必要な場合が多い。

8　請負契約の瑕疵担保

　木造の建物については引渡し後5年間、石造、金属造、コンクリート造及びこれらに類する建物などについては10年間、建物その他の土地の工作物の請負人はその工作物又は地盤の瑕疵について担保の責任を負うとする民法638条1項の規定は改正民法では削除され、不適合責任が規定された（民法636条）。

　建築設備の機器・室内装飾・家具などの瑕疵については、引渡しのとき、監理者が検査して直ちにその補修又は取替えを求めなければならない（隠れた瑕疵は1年間の担保）。

　住宅の品質確保の促進等に関する法律に定める住宅を新築する場合、構造耐力上主要な部分又は雨水の侵入を防止する部分の瑕疵について、10年間の責任を負う。

　従来、民法635条ただし書が、土地工作物の場合は、瑕疵があっても契約解除ができないと規定していたために、建築請負目的物に瑕疵があっても、その建替や建替費用相当額の賠償請求を認めることは、建物を取り壊し、再築するということであって、それはとりもなおさず当該請負契約の解除を認めたのと同じか、それ以上の効果を与えることになるから認められないとするものがあった。その不合理を回避する方法として、請負契約の瑕疵担保責任に基づき欠陥住宅の建替費用相当額の賠償請求を認容した判決が言い渡された（最高裁平成14年9月24日判決・判時1801号77頁）。

　次に、地震に強い建物を建てるために、約定で特に定められた太さの主柱を使うべきであったのにこれを使わなかった点が請負目的物の瑕疵にあたるとして、いわゆる請負目的物の主観的瑕疵を最高裁として初めて認めた（最高裁（2小）平成15年10月10日判決・判時1840号18頁）。建物が重要な財産としていた旧法から現在の価値の変更に基づいて今回の民法改

正により前記635条が削除された。

　また、建築確認申請のために名義だけを貸して実際に工事監理をしな
かったいわゆる名義貸建築士の不法行為責任を認めた（最高裁（2小）平
成15年11月14日判決・民集57巻10号2562頁）。これら一連の最高裁判決は、
請負契約において瑕疵を作り出す、あるいは適正な工事監理をしないこと
が損害賠償責任をもたらすことを明確にした。このことは、被害の回復に
とってばかりか、被害の予防の点でも重大な意義を持つといえる。

　公共の建物等の請負契約についても、シックハウス症候群の発生があっ
たり、体育館の天井の落下等種々の工事瑕疵が明らかになっており、契約
書上、その責任について明示するとともに、その責任追及をしなければな
らない。特に、工事過程での現場検査、引渡しの時の完工検査を充実させ
ることが必要である。

第14章

行政事務の
業務委託の意義

1　行政事務の業務委託の意義

　業務委託とは、国や自治体の行う事務事業の一部を、必要な監督権限等を留保した上で、民間企業等の他の諸団体や個人に委託することをいう。

　自治体における事務事業について、国の方針としては、「従来から、行政運営の効率化、住民サービスの向上等を図る観点から、地域の実情に応じ、積極的かつ計画的な民間委託等の推進を要請しているところです」としている。

　自治体としても、自治体が実施する事業のうち、具体的な実施を委ねることにより、市民、NPOとの協働による自治の振興、民間のノウハウ等の活用によるサービスの向上、コスト削減、雇用・就労の創出が図られるものについては、業務委託を進めるという方針が採られている。このため、「民間にできることはできる限り民間に委ねる」ことを原則としている自治体が多い。しかし、行政責任の確保、効率性や専門性等の観点を踏まえて、自治体のすべての事業や業務について、委託することの是非について、総点検することが必要である。

　そこでは、自治体が本来実施すべき次のような事項については業務委託の対象から除くことが必要である。

(1)　法令の規定等により自治体が直接実施しなければならないもの。

(2)　許認可等の公権力の行使に当たるもの。ただし、これに付随する定期的な事務事業など、公権力の行使に直接関与しない部分については、関係法令に抵触しない範囲で委託を検討する。

(3)　政策・施策の立案・調整・決定など自治体自ら判断すべきもの。

(4)　公正性や公平性の確保、個人情報保護のため、自治体自ら実施すべきもの。ただし、契約において機密保持の明記によりこれらの問題を回避できる場合は除く。

2 委託先の選定

委託先の選定に当たっては、選定手続の透明性を基本として次のような点について基本方針を決定し、それにより委託先を決定することが必要である。

(1) 選定手続の透明性の確保

委託先の選定に当たっては、効果的に競争原理を引き出すとともに、選定手続の公正性・透明性を確保するため、原則として公募により選定することとし、公募要領・仕様書等にて受託者が行う業務の詳細を明記することが必要である。

(2) 業務委託に係る発注単位の検討

個々の業務の一部委託、業務全体の委託、関連する業務を一連のまとまりとして行う委託など、当該業務を遂行するのに最も効率的・効果的な外部委託の発注単位について検討を行う。

(3) サービス水準の確保

業務委託することにより行政サービスの低下を招くことがないように、受託者が行う業務の内容については、公募段階において募集要領・仕様書等で明示するとともに、契約書等でも緊急時の対応策、リスク管理、損害賠償など必要に応じ適切な措置をすることが必要である。特に、自治体の場合は契約を締結し、契約書が作成されるとそれでよしとして、契約内容の実施過程が検証されていない例が非常に多い。契約の履行過程の点検体制と点検の人員、能力を確保することが急務である。

(4) 責任の明確化

自治体の行政責任を確保する必要から、契約書・仕様書等により、自治体と受託者の責任の範囲をあらかじめ明確化する。なお、契約上の責任の明確化と事故の発生による損害賠償責任や刑事責任の判断は異なる。例えば、業務委託したプールで事故が発生した場合、その管理の程度によって、業務委託者である自治体職員が刑事責任を追及されることがある。

(5)　**秘密性の保持**

　自治体の業務の多くは個人情報等の保護を必要とする業務であるので、契約書・仕様書等により、受託者の責任範囲を明確化するとともに、秘密性保持を担保する措置を講じることが必要である。特に、委託業者が使用するアルバイト職員等に至る情報管理の徹底が非常に重要であるので、契約書上も明確に規定する。

(6)　**コスト分析**

　外部委託を検討する場合は、当該事務事業に係るコストの分析を行い、委託によりコスト削減が可能か検証する。なお、コスト分析を行う場合、業務量調査を活用するとともに、人件費については一人当たりの年間平均人件費を用いる。

　なお、コスト減の追求のあまり委託先である企業も安上がりの人件費を求めることから、自治体ワーキング・プアと言われる現象が生じていることに十分配慮する必要がある。そのため、最低賃金制度を確保しているかどうかを検証するため、それらの要素を含む総合評価方式による入札制度の採用が望ましい。

3　競争の導入による公共サービスの改革に関する法律

　平成16年、いわゆる公共サービス改革法が制定された。この法律は、従来の業務の外部委託と異なって、当該業務を官がやるべきか民がやるべきかを競うものである。

(1)　**目的**

　官民競争入札・民間競争入札を活用し、公共サービスの実施について、民間事業者の創意工夫を活用することにより、国民のため、より良質かつ低廉な公共サービスを実現することである。

(2)　**対象事業の選定**

　法律では、公共サービス改革基本方針の改定を通じ、官民競争入札等の対象事業を定めることとなっている。

⑶　**実施要項**

　入札の実施について定める「実施要項」を、各省庁等が作成し、監理委員会の議を経て決定する。自治体の場合は、基本的に条例を制定する。

⑷　**法令の特例**

　法令の特例を設けることで、従来は民間委託ができなかった業務についても、官民競争入札等の実施を可能にする特例措置を条例で規定する。なお、民間事業者の適切かつ確実な実施の確保と守秘義務やみなし公務員の規定の適用についても規定する。

⑸　**自治体の対象業務**

　平成18年7月当初の「特定公共サービス」は6つの窓口関連業務であったが、平成19年12月の改定では18の業務が増え24業務となった。

①　住民異動届に関する業務

②　住民票の写し等の交付業務（＊）

③　戸籍の附票の写しの交付業務（＊）

④　印鑑登録申請に関する業務

⑤　印鑑登録証明書の交付業務（＊）

⑥　住居表示証明書の交付業務

⑦　地方税法に基づく納税証明書の交付業務（＊）

⑧　戸籍の届出に関する業務

⑨　戸籍謄抄本等の交付業務（＊）

⑩　外国人登録原票記載事項証明書等の交付業務（＊）

⑪　転入（転居）者への転入学期日及び就学すべき小・中学校の通知業務

⑫　埋葬・火葬許可に関する業務

⑬　国民健康保険関係の各種届出書・申請書の受付及び被保険者証等の交付業務

⑭　老人医療関係の各種届出書・申請書の受付及び受給者証等の交付業務

⑮　介護保険関係の各種届出書・申請書の受付及び被保険者証等の交付業務

⑯　国民年金被保険者の資格の取得及び喪失並びに種別の変更に関する事項並びに氏名及び住所の変更に関する事項の届出の受理に関する業務

⑰　妊娠届の受付及び母子健康手帳の交付に関する業務

⑱　飼い犬の登録に関する業務

⑲　狂犬病予防注射済票の交付業務

⑳　児童手当の各種請求書・届出書の受付に関する業務

㉑　精神障害者保健福祉手帳の交付業務（市町村の経由事務）

㉒　身体障害者手帳の交付業務（市町村の経由事務）

㉓　療育手帳の交付業務（市町村の経由事務）

㉔　自動車臨時運行許可に関する業務

（注）（＊）は当初の6つの特定公共サービス

4　業務委託の契約の性質

ところで業務委託という形式の契約は、民法の典型契約にはない。したがって、その契約の性質がどのようなものであるかは、当該契約の内容にしたがって決定される。

そこで、民法の規定する他人の労働力の提供を受ける契約を分類してみると、次のようになる。

(1)　請負契約

請負契約とは、当事者の一方（請負者）がある仕事を完成することを約し、相手方（発注者）がその仕事の結果に対して報酬を与えることを約する契約である（民法632条）。請負契約は労務の提供を手段として、一定の仕事を完成させることを目的としている。前述したとおり、具体的には、請負契約は建物や船などの建造、土木工事、家具・時計などの修理、洋服・靴・機械の注文製作などで行われる。

　請負は仕事を完成させるために他人の労務を利用する一種であるから、注文主とは独立して、その業務を実施する点に特色がある。また、その業務の実施すなわち、仕事の完成を目的とするものであるから、その目的達成過程でどのような人を使うかについても請負者の自由である。したがって、注文主は、その使用者に対して、指揮命令はできない。

(2)　**雇用契約**

　雇用契約は、雇用者と被雇用者の間で労務契約を締結し、被雇用者は労務そのものを提供する契約である。すなわち、雇用契約は、当事者の一方が相手方に対して労働に従事することを約し、相手方がこれに対してその報酬を与えることを約することによって、その効力を生ずる（民法623条）契約である。

　さらに、「労働者及び使用者の自主的な交渉の下で、労働契約が合意により成立し、又は変更されるという合意の原則その他労働契約に関する基本的事項を定める」法律として、労働契約法が平成20年6月1日から施行された。

(3)　**委任契約**

　委任契約は、当事者の一方が法律行為をすることを相手方に委託し、相手方がこれを承諾することによって、その効力を生ずる」（民法643条）。民法は、法律行為の委任を中心に規定しているが、事実行為の委任も当然認められる。事実行為の委任契約を準委任契約という（民法656条）。いずれにしても委任契約は、一定の事務を処理するための統一的な労務の提供をいう。

(4)　**寄託契約**

　寄託は、当事者の一方が相手方のために保管をすることを約してある物を受け取ることによって、その効力を生ずる（民法657条）。寄託契約は、他人のものを保管するという限られた労務の提供である。

(5)　**業務委託契約の性質**

　業務委託契約の性質をどのように解するかは、当該契約内容に決定され

る。多くの業務委託契約は、「一定内容の事務を誠実に処理することを内容とする契約」であると解されるので、委任ないし準委任契約であるといえる。ただし、契約によっては仕事の完成を目的とする請負契約もあるので、契約のとき、仕事の完成を目的とするのか事務の処理を依頼するのかについて、その契約内容にしたがって慎重に検討すべきである。

　なお、自治令167条の10第2項は、最低価格制限制度の導入は、「工事又は製造その他についての請負の契約」に限るものとしている。したがって、業務委託契約が請負契約によるものか委任契約によるものかによって、最低価格制限が導入できるか否かが決定されることとなる。

　この点について、最低制限価格制度の趣旨が不合理な低価格の入札者が落札者となり、契約の適正な履行ができない事態を招き、損害を被ることを避けるためにあることからすれば、工事請負契約と同様に資金と時間を要する契約に類推適用すべきであるとする見解がある（碓井光明教授『公共契約の法理論と実際』（1955、弘文堂）参照）。確かに、実務上、委託契約であっても最低価格制限を設ける方が妥当と思われるケースも存在する。したがって、十分に傾聴に値する見解である。しかし、類推適用すべき契約の種類が明確ではないこと、自治法の契約の規定について厳格な解釈を求めている最高裁判例の傾向からして、立法論としては別段、解釈論としては請負契約に限定すると解するのが相当であろう。

5　業務委託のメリットとされる理由

(1)　経費の節減

　業務委託を導入するメリットとして、経費の節減がいわれている。前述したように導入のメリットを検討する場合において、最初に検討すべき事項である。

　問題は、経費の算定をどのように行うかである。一般に人件費比較等が行われているが、人件費と何を比較すべきなのかが問題である。なぜなら、委託会社の人件費との比較をしても委託金額が高額であれば無意味だから

である。特に、自治体側の事業費の算出がどのように行われたのか、それと対比して委託会社の事業費はどのようにして算出されたかを対比して検討することが必要である。そのためには委託事業の範囲を明確にしておかなければならない。委託した結果、全体の事業費としては、増額になっている例があるのは注意したい点である。

(2)　事務処理の迅速化・効率化

　業務委託について、「官から民へ」というスローガンが掲げられることがある。これは、もともと、イギリスで民営化が進められたときのスローガンである。総務省の通知においても使われているが、そのスローガンは、あまり有用な意味を持たない。要するに財政負担を軽減しようとするなら、業務委託ではなく、当該事業の民営化が進められるべきであるからである。そして、業務委託は、あたかも事務処理の効率化・迅速化が図られるように考えられているが、実態は必ずしもそうではない。業務委託した業務の遂行は、派遣社員やアルバイト社員で実施されていることが多く、当該業務に必ずしも精通していない場合が多い。また、事務能率の迅速化、効率化を果たしていない場合も多い。自治体の側も委託した業務について、契約内容の実現、特に事務能率の迅速化や効率化が行われているかの点検をしなければならない。

　しかるに、残念ながら委託した事業は、自治体の仕事ではないという意識が働いているように見える。しかし、住民に対する責任は、あくまでも自治体にあるのであるから、この点、職員の意識を変えなくてはならない。

(3)　専門家の高度な知識・技術等の活用

　IT化等の分野においては、民間において専門家が存在するかも知れない。しかし、自治体行政の分野において、当該事務の専門家は少なく、それらの人が業務委託者としてその高度な知識や・技術を有しているとは思われない。そうだとすれば、むしろ職員の中で高度な知識や技術を有するものを育成すべきである。残念ながら現在の自治体では、専門家といわれる職員は少数であるが、それは自治体が専門家を育てる努力をしてこな

かったことによるものである。現代が専門家の時代になってきている以上
一定の範囲で専門家を採用し、育成することがむしろ、求められていると
いうべきである。そうした意味では、専門家の高度な知識・技師有効活用
は、単なる活用でなく、一定職員の専門家へのレベルアップにも寄与させ
るべきものである。

⑷　行政サービスの質の向上

　業務委託が、NPO や住民団体との契約によって行われる場合は、行政
サービスの向上に繋がる場合が多い。しかし、業務委託をすることが直接
に行政サービスの向上と直接に結びつくわけではない。

6　業務委託に対する監視・統制

⑴　秘密保持義務

　委託に係る守秘義務・情報セキュリティー関連の認証を取得させ、社内
規定の整備を委託条件とする。京都市では、ISMS 認証基準の認証を契約
条件としている。民間会社においても秘密保持が困難を極めているので、
委託契約においては、ことさらに徹底しておくことが必要である。特に、
アルバイト職員等を採用する場合は、その者達に対する研修計画を提出さ
せることが必要である。

⑵　事務の実施義務・休廃止の制限

　民間の事業者は、利益が出ない事業所は休廃止を行えばいいと考えがち
である。しかし、自治体の事業は、事業廃止が検討されることはあっても、
勝手な旧廃止は許されない。1 日に利用者が数名であれば、週 1 回開けば
よいとするのが効率的であるが、公務所は、利用者がいる以上開けておく
ことが必要である。

⑶　業務運営規程の届出義務及び定期報告義務・立ち入り検査規程

　委託事業者の業務内容を仔細に監督することが必要である。しかし、監
督員をおいては、委託した意味が失われる場合が多い。そこで、事業運営
規定を制定してもらい、その内容にしたがってチェックリスト等で監督す

ると効率的である。

　また、一定の日時での立ち入り検査がぜひ必要であり、公の施設のような場合は、その施設そのものに瑕疵がないかの点検も必要である。

⑷　事務停止規程

　住民からの苦情が発生する場合がある。明らかに自治体側に過失があるとするならば、一定期間委託事業者の事務を停止し、適切な処理を行ってから、再開することも必要である。

⑸　契約撤回権限の留保・法令遵守

　契約内容が遵守できない場合は、契約を解除することも必要である。自治法244条の 2 第10項及び11項の規定が参考となる。

7　PFI（Private Finance Initiative）

⑴　PFI法

①　PFI とは、従来は国や自治体が対応してきた公共施設等の整備を民間の資金や能力、ノウハウを活用することによって、より能率的に行うことを意図するものである。もともと、イギリスで1990年代になって用いられるようになった手法である。わが国でも非常に厳しい財政事情の中で、社会資本の整備を進める必要があり、その有効な手段として、PFIの導入が図られ、それを促進するために、「民間資金等の活用による公共施設等の整備等の促進に関する法律」（以下、「PFI法」という。）が平成11年 7 月30日制定、同23年、25年及び30年に一部改正された。

　PFI法は民間の資金、経営能力及び技術的能力を活用して公共施設の整備を行うことを目的としているので公共施設等の設計から管理に至るまで民間事業者に一括して委ねることを想定している。例えば、庁舎の設置管理を民間事業者に委託し、ビルテナントの収入を得るようにするといった手法が予定されている。

②　基本理念

　PFI法 3 条 1 項は、PFI の基本理念を次のように規定している。

　公共施設の整備等に関する事業は、国及び地方公共団体（これらに係る公共法人を含む。以下この条及び第77条において同じ。）と民間事業者との適切な役割分担並びに財政資金の効率的使用の観点を踏まえつつ、行政の効率化又は国及び地方公共団体の財産の有効利用にも配慮し、当該事業により生ずる収益等をもってこれに要する費用を支弁することが可能である等の理由により民間事業者に行わせることが適切なものについては、できる限りその実施を民間事業者に委ねるものとする。

③　選定時事業の実施

　公共施設の管理者と、PFI法の選定事業者との間に協定の締結が予定されている（14条）ことから、公共施設の管理者と事業者との契約関係に入る。

第14条　選定事業は、基本方針及び実施方針に基づき、事業契約（第16条の規定により公共施設等運営権が設定された場合にあっては、当該公共施設等運営権に係る公共施設等運営権実施契約（第22条第1項に規定する公共施設等運営権実施契約をいう。）。次項において同じ。）に従って実施されるものとする。
2　選定事業者が国又は地方公共団体の出資又は拠出に係る法人（当該法人の出資又は拠出に係る法人を含む。）である場合には、当該選定事業者の責任が不明確とならないよう特に留意して、事業契約において公共施設等の管理者等との責任分担が明記されなければならない。

④　PFI事業の対象

　国、地方公共団体、特殊法人などの公共法人の管理（公共施設管理者＝省庁の大臣、地方自治体の長、法人の代表者）のもとにある下記の施設類が対象となる。

　公共施設—道路、鉄道、港湾、空港、河川、公園、水道、下水道、工

　　業用水など

　公用施設―庁舎、宿舎など

　公益的施設―公営住宅、教育文化施設、廃棄物処理施設、医療施設、
　　　社会福祉施設、厚生保護施設など

　その他施設―情報通信施設、熱供給施設、新エネルギー施設、リサイ
　　　クル施設、観光施設、研究施設など

(2) PFI と効率化

① 　PFI 事業の実施に当たって、資金の貸し出しを行う金融機関の厳しい
事前審査が求められている。PFI の事業者が計画を策定し、自治体がそ
れを承認するが、自治体の承認は、十分な採算面の検討がなされたとは
いえない場合が多い。そこで、金融機関が採算面から当該企業のコスト
削減努力等について検討することが求められている。

② 　PFI の手法の一番のメリットは、すぐには政府・自治体の財政負担が
ないという点にある。しかし、そのことが政府、自治体の財政負担の軽
減に結び付くわけではない。十分な将来設計と採算が計算されたうえで
実現されないと、却って財政負担が増える可能性がある。

③ 　公共施設等運営事業

　「公共施設等運営事業」とは、特定事業であって、PFI 法75条の規定
による設定を受けて、公共施設等の管理者等が所有権（公共施設等を構
成する建築物その他の工作物の敷地の所有権を除く。）を有する公共施
設等（利用料金（公共施設等の利用に係る料金をいう。以下同じ。）を
徴収するものに限る。）について、運営等（運営及び維持管理並びにこ
れらに関する企画をいい、国民に対するサービスの提供を含む。以下同
じ。）を行い、利用料金を自らの収入として収受するものをいう。

　公共施設等運営事業を実施する権利を公共施設等運営権（コンセッ
ション）という。この権利の法律上の性質は物権とみなされており（24
条）、譲渡が可能で登録により第三者に対する対抗要件を備える。既存
施設にこの権利を設定する場合、自治体は、民間業者から一定の対価を

取得できる。また、民間業者との間で「公共施設等運営権実施契約」の締結が必要である。

　公共施設等の管理者等は、内閣府令で定めるところにより、毎年度、当該年度の実施方針の策定の見通しに関する事項で内閣府令で定めるものを公表しなければならない。ただし、当該年度にその見通しがない場合は、この限りでない。

(3)　PFI 法と他の手法の比較

　PFIによる手法と従前の手法とを比較対比すると、次の表のようにまとめることができる。

	サービス提供者	施設提供者	サービス水準決定・監視
従来型	公　共	公　共	公　共
外　注	民　間（単年度・単一）	公　共	公　共
ＰＦＩ	民　間（長期・包括）	民　間	公　共
民　営	民　間	民　間	民　間（監督庁の規制）

(4)　PFI 法の 3 つの類型

	内　　容		具体例
	資金調達	コスト回収方法	
独立採算制	民間から出資 金融機関から借入	利用者からサービス料金	有料橋
サービス購入型	民間から出資金 金融機関から借入	政府からサービス料金	刑務所・道路・病院
ジョイントベンチャー型	民間から出資金 金融機関から借入 政府の補助金	利用者からサービス料金	都市開発・鉄道

第15章

資　料

【資料1】

契約に係る民法の改正

（令和2年4月1日施行）

1　契約に関する基本原則の明記

① 意思能力制度の明文化

　　民法を国民一般に分かりやすいものとする観点から、意思能力を有しない者がした法律行為は無効とすることを明文化（3条の2）。

② 意思表示に関する見直し

　　錯誤の効果を「無効」から「取消し」に改正（95条）。

③ 代理に関する見直し

　　制限行為能力者が「他の制限行為能力者」の法定代理人としてした行為については、例外的に、行為能力の制限の規定によって取り消すことができる（102条）。

④ 「法令に特別の定めがある場合を除き」、「法令の制限内において」といった文言を加えた上で、契約に関する基本原則を明文化（521条、522条2項）。

2　契約の成立に関する見直し

　対話が継続している間であればいつでも申込みの撤回が可能（525条2項）。

　対話継続中に承諾がされなければ、申込みは効力を失う（525条3項）。

3　契約解除の要件に関する見直し

　催告解除の要件に関して、判例を踏まえ、契約及び取引通念に照らして不履行が軽微であるときは解除をすることができない旨を明文化（541条）。

　無催告解除の要件に関して、履行拒絶の意思の明示、（一部の履行はできる場合でも）契約をした目的を達するのに足りる履行の見込みがないこと等の事情があれば解除が可能であることを明文化（542条）。

4 危険負担に関する見直し

債務者主義を採用（旧民法534条・535条を削除）、代金支払債務あり。

併せて、契約解除の要件に関する見直しに伴い、効果を反対給付債務の消滅から反対給付債務の履行拒絶権に改める（536条）。

買主が目的物の引渡しを受けた後に目的物が滅失・損傷したときは、買主は代金の支払（反対給付の履行）を拒めない（567条1項）。

5 瑕疵担保責任から契約不適合責任へ

① 買主の権利

買主は、売主に、ⅰ修補や代替物引渡しなどの履行の追完の請求、ⅱ損害賠償請求、ⅲ契約の解除、ⅳ代金減額請求ができることを明記（562条～564条）。

② 「隠れた瑕疵」の用語

「隠れた瑕疵」があるという要件を、目的物の種類、品質等に関して「契約の内容に適合しない」ものに改める（562条）。

6 消費貸借に関する見直し

書面によることを要件として、合意のみで消費貸借の成立を認める（587条の2第1項）。

借主は、金銭の交付を受ける前は、いつでも契約を解除できる（借主に借りる義務を負わせない趣旨）。その場合に貸主に損害が発生するときは、貸主は賠償請求できるが、限定的な場面でのみ請求は可能（587条の2第2項）。

7 賃借に関する見直し

敷金の定義（賃料債務等を担保する目的で賃借人が賃貸人に交付する金銭で、名目を問わない）を明記。敷金の返還時期（賃貸借が終了して賃貸物の返還を受けたとき等）・返還の範囲（賃料等の未払債務を控除した残額）等に関するルールを明記（622条の2）。

賃借物に損傷が生じた場合には、原則として賃借人は原状回復の義務を負うが、

通常損耗（賃借物の通常の使用収益によって生じた損耗）や経年変化についてはその義務を負わないというルールを明記（621条）。

賃貸借の存続期間の上限を50年に伸張（604条）。

8　請負に関する見直し

次のいずれかの場合において、中途の結果のうち可分な部分によって注文者が利益を受けるときは、請負人は、その利益の割合に応じて報酬の請求をすることが可能であることを明文化（634条）。

① 仕事を完成することができなくなった場合

② 請負が仕事の完成前に解除された場合

建物等の建築請負における注文者の解除権を制限する規定を削除。建物等の例外的取扱いは廃止（旧民法635条を削除）。

契約に適合しないことを知ってから1年以内にその旨の通知が必要と改める（637条）。

9　寄託に関する見直し

合意のみで寄託の成立を認める（書面は不要）（657条）。

物の交付前の契約の解除について、以下のルールを新設。

① 寄託者は、物の交付をする前は、いつでも契約を解除できる。その場合に受寄者に損害が発生するときは、受寄者は賠償請求できる（寄託者は物の交付後いつでも返還を請求できるのと同様）（657条の2第1項）。

② 書面による寄託の場合を除き、無報酬の受寄者は、物の交付を受ける前は、いつでも契約を解除できる（軽率な契約や紛争のおそれを防止する趣旨）（657条の2第2項）。

③ 報酬を得る受寄者と書面による寄託の無報酬の受寄者は、寄託者が物の引渡しの催告を受けても物の引渡しをしないときは、契約を解除できる（657条の2第3項）。

④ 受寄者は、原則として寄託者に対して寄託物を返還しなければならないと規

定。

　ただし、受寄者が訴えの提起等を受けたことを寄託者に通知した場合等において、寄託物を第三者に引き渡すべき旨を命ずる確定判決等があったときに、その第三者に寄託物を引き渡したときは、例外的に寄託者に対する返還は不要と規定（660条第2項）。

　寄託物の一部滅失等による寄託者の損害の賠償及び受寄者の費用の償還は、寄託者が返還を受けた時から1年以内に請求しなければならないと規定。

⑤　寄託物の一部滅失等による寄託者の損害賠償請求権については、寄託者が返還を受けた時から1年を経過するまでは、時効の完成を猶予する（664条の2第2項）。

【資料２】

地方公共団体における入札契約適正化・支援方策の概要

（平成19年2月総務省）

1　一般競争入札の導入・拡大について

(1)　一般競争入札の対象の拡大について

・すべての地方公共団体において、一般競争入札を導入する。

・都道府県及び指定都市においては、1千万円以上の契約については、原則として一般競争入札によるものとし、その実施に向けて、早急に取り組む。

・直ちに一般競争入札を導入することが困難な市町村においても、当面1年以内に取組方針を定め、一般競争入札導入に必要な条件整備を行い、速やかに実施する。

(2)　一般競争入札の参加資格等について

・地域要件の設定に当たっては、当該地方公共団体における潜在的な競争参加者数の状況を踏まえつつ、競争性が十分に確保されるよう適切に設定する。

(3)　技術職員の技術能力の向上について

・各種検査や施工監理などを通じて公共工事の品質確保に資する観点からも、実際の設計業務・現場での工事監理業務に携わる機会の確保に努めることや、マニュアル等の作成、専門研修の実施など技術職員の技術能力の研さん、向上に取り組む。

(4)　電子入札について

・できる限り速やかに導入する。なお、小規模市町村においては、他の地方公共団体との共同運用などにより、速やかに導入するものとする。

・電子入札システム導入までの間においても、郵便入札の活用を図るなど、不正行為の防止に資する措置を講ずる。

(5)　不良不適格業者の排除について

・質の高い競争環境を整備するため、入札ボンドの導入を進める。

・建設業法違反企業や暴力団関係企業等の不良不適格業者については、建設業

　　許可行政庁や都道府県警察本部との連絡協議体制を確立し、相互の連携によりその排除の徹底を図る。

2　総合評価方式の導入・拡充について

・客観性を確保しつつ、学識経験者の意見聴取手続を簡素化することなどについて検討する。体制が脆弱な地方公共団体であっても導入が容易な、施工実績・工事成績や地域貢献の実績評価を重視した簡易型総合評価方式の導入・拡大に努める。

3　談合等不正行為を行った者に対するペナルティ強化について

・地方自治法施行令第167条の4第2項に規定する一般競争入札に参加させないことができる期間の上限「2年間」を「3年間」に引き延ばすことについて検討する。

4　体制が脆弱な地方公共団体に対する支援方策について

・市町村における専門技術者の養成に資するため、担当職員に対する研修の充実を検討する。

・国、都道府県においては、総合評価方式の実施、近隣市町村間における地域要件設定に当たっての連携・協調、電子入札システムの共同運用、第三者機関の共同設置等において、市町村の取組が円滑に進むよう協力するとともに、人的・技術的支援を積極的に行う。

【資料3】
公共工事の入札及び契約の適正化を図るための措置に関する
指針の一部変更について

（令和元年10月18日　閣議決定）

公共工事の入札及び契約の適正化を図るための措置に関する指針

　国は、公共工事に対する国民の信頼の確保とこれを請け負う建設業の健全な発達を図るため、公共工事の入札及び契約の適正化を図るための措置に関する指針（以下「適正化指針」という）を次のように定め、これに従い、公共工事の入札及び契約の適正化の促進に関する法律（平成12年法律第127号。以下「法」という）に規定する各省各庁の長、特殊法人等の代表者又は地方公共団体の長（以下「各省各庁の長等」という）は、公共工事の入札及び契約の適正化を図るための措置を講ずるよう努めるものとする。

（なお書き省略）

第1　適正化指針の基本的考え方

　公共工事は、その多くが経済活動や国民生活の基盤となる社会資本の整備を行うものであり、その入札及び契約に関していやしくも国民の疑惑を招くことのないようにするとともに、適正な施工を確保し、良質な社会資本の整備が効率的に推進されるようにすることが求められる。公共工事の受注者の選定や工事の施工に関して不正行為が行われれば、公共工事に対する国民の信頼が大きく揺らぐとともに不良・不適格業者が介在し公共工事を請け負う建設業の健全な発達にも悪影響を与えかねない。

　公共工事に対する国民の信頼は、公共工事の入札及び契約の適正化が各省各庁の長等を通じて統一的、整合的に行われることによって初めて確保しうるものである。また、公共工事の発注は、国、特殊法人等及び地方公共団体といった様々な主体によって行われているが、その受注者はいずれも建設業者（建設業を営む者を含む。以下同じ）であって、公共工事に係る不正行為の防止に関する建設業者の意識

の確立と建設業の健全な発達を図る上では、各発注者が統一的、整合的に入札及び契約の適正化を図っていくことが不可欠である。適正化指針は、こうした考え方の下に、法第17条第1項の規定に基づき、各省各庁の長等が統一的、整合的に公共工事の入札及び契約の適正化を図るため取り組むべきガイドラインとして定められるものである。

　各省各庁の長等は、公共工事の目的物である社会資本等が確実に効用を発揮するよう公共工事の品質を将来にわたって確保すること、限られた財源を効率的に活用し適正な価格で公共工事を実施すること、公共工事に従事する者の労働時間その他の労働条件が適正に確保されるよう必要な工期の確保及び施工の時期の平準化を図ること、受注者の選定等適正な手続により公共工事を実施することを責務として負っており、こうした責務を的確に果たしていくためには、価格と品質で総合的に優れた調達が公正・透明で競争性の高い方式により実現されるよう、各省各庁の長等が一体となって入札及び契約の適正化に取り組むことが不可欠である。

　法第3条各号に掲げる、①入札及び契約の過程並びに契約の内容の透明性の確保、②入札に参加しようとし、又は契約の相手方になろうとする者の間の公正な競争の促進、③入札及び契約からの談合その他の不正行為の排除の徹底、④その請負代金の額によっては公共工事の適正な施工が通常見込まれない契約の締結（以下「ダンピング受注」という）の防止、⑤契約された公共工事の適正な施工の確保は、いずれも、各省各庁の長等がこれらの責務を踏まえた上で一体となって取り組むべき入札及び契約の適正化の基本原則を明らかにしたものであり、法第17条に定めるとおり、適正化指針は、この基本原則に従って定められるものである。

第2　入札及び契約の適正化を図るための措置

1　主として入札及び契約の過程並びに契約の内容の透明性の確保に関する事項

　(1)　入札及び契約の過程並びに契約の内容に関する情報の公表に関すること

　　　入札及び契約に関する透明性の確保は、公共工事の入札及び契約に関し不正行為の防止を図るとともに、国民に対してそれが適正に行われていることを明らかにする上で不可欠であることから入札及び契約に係る情報については公表

することを基本とし、法第2章に定めるもののほか、次に掲げるものに該当する
ものがある場合（ロに掲げるものにあっては、事後の契約において予定価格
を類推させるおそれがないと認められる場合又は各省各庁の長等の事務若しく
は事業に支障を生じるおそれがないと認められる場合に限る）においては、そ
れについて公表することとする。この場合、各省各庁の長等において、法第2
章に定める情報の公表に準じた方法で行うものとする。なお、公表の時期につ
いては、令第4条第2項及び第7条第2項において個別の入札及び契約に関す
る事項は、契約を締結した後に遅滞なく公表することを原則としつつ、令第4
条第2項ただし書及び第7条第2項ただし書に掲げるものにあっては契約締結
前の公表を妨げないとしていることを踏え、適切に行うこととする。

イ 競争参加者の経営状況及び施工能力に関する評点並びに工事成績その他の
　各発注者による評点並びにこれらの合計点数並びに当該合計点数に応じた競
　争参加者の順位並びに各発注者が等級区分を定めた場合における区分の基準

ロ 予定価格及びその積算内訳

ハ 低入札価格調査の基準価格及び最低制限価格を定めた場合における当該価
　格

ニ 低入札価格調査の要領及び結果の概要

ホ 公募型指名競争入札を行った場合における当該競争に参加しようとした者
　の商号又は名称並びに当該競争入札で指名されなかった者の商号又は名称及
　びその者を指名しなかった理由

ヘ 入札及び契約の過程並びに契約の内容について意見の具申等を行う第三者
　からなる機関に係る任務委員構成運営方法その他の当該機関の設置及び運営
　に関すること並びに当該機関において行った審議に係る議事の概要

ト 入札及び契約に関する苦情の申出の窓口及び申し出られた苦情の処理手続
　その他の苦情処理の方策に関すること並びに苦情を申し出た者の名称、苦情
　の内容及びその処理の結果

チ 指名停止（一般競争入札において一定期間入札参加を認めない措置を含
　む。以下同じ）を受けた者の商号又は名称並びに指名停止の期間及び理由

　リ　工事の監督・検査に関する基準

　ヌ　工事の技術検査に関する要領

　ル　工事の成績の評定要領

　ヲ　談合情報を得た場合等の取扱要領

　ワ　施工体制の把握のための要領

(2)　入札及び契約の過程並びに契約の内容について学識経験を有する者等の第三者の意見を適切に反映する方策に関すること

　　入札及び契約の過程並びに契約の内容の透明性を確保するためには、第三者の監視を受けることが有効であることから、各省各庁の長等は、競争参加資格の設定・確認、指名及び落札者決定の経緯等について定期的に報告を徴収し、その内容の審査及び意見の具申等ができる入札監視委員会等の第三者機関の活用その他の学識経験者等の第三者の意見を適切に反映する方策を講ずるものとする。

　　第三者機関の構成員については、その趣旨を勘案し、中立・公正の立場で客観的に入札及び契約についての審査その他の事務を適切に行うことができる学識経験等を有する者とするものとする。

　　第三者機関においては、各々の各省各庁の長等が発注した公共工事に関し、次に掲げる事務を行うものとする。

　イ　入札及び契約手続の運用状況等について報告を受けること。

　ロ　当該第三者機関又はその構成員が抽出し、又は指定した公共工事に関し、一般競争参加資格の設定の経緯、指名競争入札に係る指名及び落札者決定の経緯等について審議を行うこと。

　ハ　イ及びロの事務に関し、報告の内容又は審議した公共工事の入札及び契約の理由、指名及び落札者決定の経緯等に不適切な点又は改善すべき点があると認めた場合において、必要な範囲で、各省各庁の長等に対して意見の具申を行うこと。

　　　各省各庁の長等は、第三者機関が公共工事の入札及び契約に関し意見の具申を行ったときは、これを尊重し、その趣旨に沿って入札及び契約の適

正化のため必要な措置を講ずるよう努めるものとする。

　　第三者機関の設置又は運営については、あらかじめ各省各庁の長等において明確に定め、これを公表するものとする。また、第三者機関の活動状況については、審議に係る議事の概要その他必要な資料を公表することにより透明性を確保するものとする。

　　第三者機関については、各省各庁の長等が各々設けることを基本とするが、それが必ずしも効率的とは認められない場合もあるので、状況に応じて、規模の小さい市町村や特殊法人等においては第三者機関を共同で設置すること、地方公共団体においては地方自治法（昭和22年法律第67号）第195条に規定する監査委員を活用するなど既存の組織を活用すること等により、適切に方策を講ずるものとする。

　　この場合においては、既存の組織が公共工事の入札及び契約についての審査その他の事務を適切に行えるよう、必要に応じ組織・運営の見直しを行うものとする。

2　主として入札に参加しようとし、又は契約の相手方になろうとする者の間の公正な競争の促進に関する事項

(1)　公正な競争を促進するための入札及び契約の方法の改善に関すること

　　公共工事の入札及び契約は、その目的物である社会資本等の整備を的確に行うことのできる施工能力を有する受注者を確実に選定するための手続であり各省各庁の長等は公正な競争環境のもとで、良質な社会資本の整備が効率的に行われるよう、公共工事の品質確保の促進に関する法律（平成17年法律第18号。以下「公共工事品質確保法」という）等に基づき、工事の性格、地域の実情等を踏まえた適切な入札及び契約の方法の選択と、必要な条件整備を行うものとする。

①　一般競争入札の適切な活用

　　一般競争入札は、手続の客観性が高く発注者の裁量の余地が少ないこと、手続の透明性が高く第三者による監視が容易であること、入札に参加する可

能性のある潜在的な競争参加者の数が多く競争性が高いことから、公共工事の入札及び契約において不正が起きにくいなどの特徴を有している。

　一般競争入札は、これらの点で大きなメリットを有しているが、一方で、その運用次第では、個別の入札における競争参加資格の確認に係る事務量が大きいこと、不良・不適格業者の排除が困難であり、施工能力に欠ける者が落札し、公共工事の質の低下をもたらすおそれがあること、建設投資の減少と相まって、受注競争を過度に激化させ、ダンピング受注を招いてきたこと等の側面もある。これまで、一般競争入札は、主として一定規模以上の工事を中心に広く拡大してきたところである。各省各庁の長等においては、こうした一般競争入札の性格及び一般競争入札が原則とされていることを踏まえ、対象工事の見直し等により一般競争入札の適切な活用を図るものとする。

　また、指名競争入札については、信頼できる受注者を選定できること、一般競争入札に比して手続が簡易であり早期に契約できること、監督に係る事務を簡素化できること等の利点を有する一方、競争参加者が限定されること、指名が恣意的に行われた場合の弊害も大きいこと等から、指名に係る手続の透明性を高め、公正な競争を促進することが要請される。このため、各省各庁の長等は、引き続き指名競争入札を実施する場合には、公正な競争の促進を図る観点から、指名基準を策定し、及び公表した上でこれに従い適切に指名を行うものとするがこの場合であっても、公共工事ごとに入札参加意欲を確認し、当該公共工事の施工に係る技術的特性等を把握するための簡便な技術資料の提出を求めた上で指名を行ういわゆる公募型指名競争入札等を積極的に活用するものとする。また、指名業者名の公表時期については、入札前に指名業者名が明らかになると入札参加者間での談合を助長しやすいとの指摘があることを踏まえ、各省各庁指名業者名の事後公表の拡大に努めるものとする。

② 総合評価落札方式の適切な活用等

　総合評価落札方式は、公共工事品質確保法に基づき、価格に加え価格以外の要素も総合的に評価して落札者を決定するものであり、価格と品質が総合

的に優れた公共調達を行うことができる落札者決定方式である一方で総合評価落札方式の実施に当たっては、発注者による競争参加者の施工能力及び技術提案の審査及び評価における透明性及び公正性の確保が特に求められ、さらには発注者及び競争参加者双方の事務量の軽減を図ることも必要である。各省各庁の長等はこうした総合評価落札方式の性格を踏まえ、工事の性格等に応じた適切な活用を図るものとする。

　その際には、評価基準や実施要領の整備、総合評価の結果の公表及び具体的な評価内容の通知を行うほか、落札者決定基準等について、小規模な市町村等においては都道府県が委嘱した第三者の共同活用も図りつつ、効率よく学識経験者等の第三者の意見を反映させるための方策を講ずるものとする。また、公共工事品質確保法第16条に基づく段階的選抜方式を活用すること等により、技術提案やその審査及び評価に必要な発注者及び競争参加者双方の事務量の軽減を図るなど、総合評価落札方式の円滑な実施に必要な措置を適切に講じるものとする。

　総合評価の評価項目としては、当該工事の施工計画や当該工事に係る技術提案等の評価項目のほか、過去の同種・類似工事の実績及び成績、配置予定技術者の資格及び経験などの競争参加者の施工能力、災害時の迅速な対応等の地域及び工事の特性に応じた評価項目など、当該工事の施工に関係するものであって評価項目として採用することが合理的なものについて、必要に応じて設定することとする。

　公共工事を受注する建設業者の技術開発を促進し、併せて公正な競争の確保を図るため、民間の技術力の活用により、品質の確保、コスト縮減等を図ることが可能な場合においては、各省各庁の長等は、入札段階で施工方法等の技術提案を受け付ける入札時VE（バリュー・エンジニアリング）方式、施工段階で施工方法等の技術提案を受け付ける契約後VE方式、入札時に設計案等の技術提案を受け付け、設計と施工を一括して発注する設計・施工一括発注方式等民間の技術提案を受け付ける入札及び契約の方式の活用に努めるものとする。

③ 地域維持型契約方式

　建設投資の大幅な減少等に伴い、社会資本等の維持管理のために必要な工事のうち、災害応急対策、除雪、修繕、パトロールなどの地域維持事業を担ってきた地域の建設業者の減少・小規模化が進んでおりこのままでは事業の円滑かつ的確な実施に必要な体制の確保が困難となり、地域における最低限の維持管理までもが困難となる地域が生じかねない。地域の維持管理は、将来にわたって効率的かつ持続的に行われる必要があり、入札及び契約の方式においても担い手確保に資する工夫が必要である。

　このため、地域維持業務に係る経費の積算において、事業の実施に実際に要する経費を適切に費用計上するとともに、地域維持事業の担い手の安定的な確保を図る必要がある場合には、人員や機械等の効率的運用と必要な施工体制の安定的な確保を図る観点から、地域の実情を踏まえつつ、公共工事品質確保法第20条に基づき次のような契約方式を活用するものとする。

１）複数の種類や工区の地域維持事業をまとめた契約単位や、複数年の契約単位とするなど、従来よりも包括的に一の契約の対象とする。

２）実施主体は、迅速かつ確実に現場へアクセスすることが可能な体制を備えた地域精通度の高い建設業者とし、必要に応じ、地域の維持管理に不可欠な事業につき、地域の建設業者が継続的な協業関係を確保することによりその実施体制を安定確保するために結成される建設共同企業体（地域維持型建設共同企業体）や事業協同組合等とする。

④ 災害復旧等における入札及び契約の方法

　災害発生後の復旧に当たっては、早期かつ確実な施工が可能な者を短期間で選定し、復旧作業に着手することが求められる。

　このため、災害応急対策又は災害復旧に関する工事においては、公共工事品質確保法第7条第1項第3号に基づき、手続の透明性及び公正性の確保に留意しつつ、次のように会計法（昭和22年法律第35号）や地方自治施行令（昭和22年政令第16号）等に規定される随意契約や指名競争入札を活用するなど、緊急性に応じて適切な入札及び契約の方法を選択するものとする。

1）災害応急対策又は緊急性が高い災害復旧に関する工事のうち被害の最小
化や至急の原状復旧の観点から緊急の必要により競争に付することができ
ないものにあっては、随意契約（会計法第29条の3第4項又は地方自治法
施行令第167条の2）を活用する。

2）災害復旧に関する工事のうち、随意契約によらないものであって、一定
の期日までに復旧を完了させる必要があるなど、契約の性質又は目的によ
り競争に加わるべき者が少数で一般競争入札に付する必要がないものに
あっては、指名競争入札（会計法第29条の3第3項又は地方自治法施行令
第167条）を活用する。

⑤　一般競争入札及び総合評価落札方式の活用に必要な条件整備

公共工事の入札及び契約の方法、とりわけ一般競争入札の活用に伴う諸問
題に対応し、公正かつ適切な競争が行われるようにするため、必要な条件整
備を行うものとする。

1）適切な競争参加資格の設定等

競争参加資格の設定は、対象工事について施工能力を有する者を適切に
選別し、適正な施工の確保を図るとともに、ペーパーカンパニーや暴力団
関係企業等の不良・不適格業者を排除するために行うものとする。

具体的には、いたずらに競争性を低下させることがないように十分配慮
しつつ、必要に応じ、工事実績、工事成績、工事経歴書等の企業情報を適
切に活用するとともに、競争参加資格審査において一定の資格等級区分に
認定されている者であることを求めるものとする。

また、工事の性質等、建設労働者の確保、建設資材の調達等を考慮して
地域の建設業者を活用することにより円滑かつ効率的な施工が期待できる
工事については、災害応急対策や除雪等を含め、地域の社会資本の維持管
理や整備を担う中小・中堅建設業者の育成や経営の安定化、品質の確保、
将来における維持・管理を適切に行う観点から、過度に競争性を低下させ
ないように留意しつつ、近隣地域内における工事実績や事業所の所在等を
競争参加資格や指名基準とする、いわゆる地域要件の適切な活用を図るな

ど、必要な競争参加資格を適切に設定するものとする。この際、恣意性を排除した整合的な運用を確保する観点から、あらかじめ運用方針を定めるものとする。なお、総合評価落札方式において、競争参加者に加え、下請業者の地域への精通度、貢献度等についても適切な評価を図るものとする。

このほか、暴力団員が実質的に経営を支配している等の建設業者指名停止措置等を受けている建設業者工事に係る設計業務等の受託者と関連のある建設業者等について、これらの者が競争に参加することとならないように競争参加資格を設けるものとする。

さらに、公平で健全な競争環境を構築する観点からは、社会保険等（健康保険、厚生年金保険及び雇用保険をいう。以下同じ）に加入し、健康保険法（大正11法律第70号）の定めるところにより事業主が納付義務を負う保険料（以下「法定福利費」という。）を適切に負担する建設業者を確実に契約の相手方とすることが重要である。このため、法令に違反して社会保険等に加入していない建設業者（以下「社会保険等未加入業者」という）について、公共工事の元請業者から排除するため、定期の競争参加資格審査等で、必要な措置を講ずるものとする。

以上のような競争参加資格の設定に当たっては、政府調達に関する協定（平成7年条約第23号）の対象となる公共工事に係る入札については、供給者が当該入札に係る契約を履行する能力を有していることを確保する上で不可欠な競争参加条件に限定されなければならないこと、及び事業所の所在地に関する要件は設けることはできないことに留意するものとする。なお官公需についての中小企業者の受注の確保に関する法律（昭和41年法律第97号）等に基づき、中小・中堅建設業者の受注機会の確保を図るものとする。

2）入札ボンドの活用その他の条件整備

市場機能の活用により、契約履行能力が著しく劣る建設業者の排除やダンピング受注の抑制等を図るため、入札ボンドの積極的な活用と対象工事の拡大を図るものとする。また、資格審査及び監督・検査の適正化並びに

これらに係る体制の充実、事務量の軽減等を図るものとする。

⑥　共同企業体について

共同企業体については、大規模かつ高難度の工事の安定的施工の確保、優良な中小・中堅建設業者の振興など図る上で有効なものであるが、受注機会の配分との誤解を招きかねない場合があること、構成員の規模の格差が大きい場合には施工の効率性を阻害しかねないこと、予備指名制度により談合が誘発されかねないこと等の問題もあることから、各省各庁の長等においては、共同企業体運用基準の策定及び公表を行い、これに基づいて共同企業体を適切に活用するものとする。

共同企業体運用基準においては、共同企業体運用準則（共同企業体の在り方について（昭和62年中建審発第12号）別添第二）に従い、大規模かつ技術的難度の高い工事に係る特定建設工事共同企業体、中小・中堅建設業者の継続的協業関係を確保する経常建設共同企業体、地域維持事業の継続的な担い手となる地域維持型建設共同企業体について適切に定めるものとする。

（以下中略）

⑦　その他

設備工事等に係る分離発注については、発注者の意向が直接反映され施工の責任や工事に係るコストの明確化が図られる等当該分離発注が合理的と認められる場合において、工事の性質又は種別、発注者の体制、全体の工事のコスト等を考慮し、専門工事業者の育成に資することも踏まえつつ、その活用に努めるものとする。

履行保証については、各省各庁の長等において、談合を助長するおそれ等の問題のある工事完成保証人制度を廃止するとともに、契約保証金、金銭保証人、履行保証保険等の金銭的保証措置と付保割合の高い履行ボンドによる役務的保証措置を適切に選択するものとする。

（以下略）

【資料4】
ペットボトルの再商品化、今年度はマイナス入札に

　日本容器包装リサイクル協会がまとめた2006年度に自治体から発生する容器包装材料に関する再商品化処理の入札で、ペットボトルは再処理業者が処理費としてトン当たり平均1万7,300円を支払って購入する「マイナス」となった。一方、プラスチックは同8万4,600円と05年度に比べて600円下がった。容器リサイクル法に基づく処理ルートに乗ったペットボトル量は14万4,000トンと05年度に次いで前年度を下回った。処理平均単価は05年度の同1万3,600円に対し、初めてマイナスとなった。

　プラスチックは、対象が59万2,800トン。最も多くの落札となった材料リサイクルは28万トンで構成比は48％と05年度に比べ倍増し、平均単価は同10万700円（05年度比8,600円減）。次いでコークス炉原料化の18万トン（構成比30.5％）で、単価は同6万7,500円と最も安価。高炉原料化は処理量の構成比が8.9％、合成ガス化は同11％だった。

（2009/7/24　産経新聞より）

【資料5】
異例の10億円マイナス落札＝郵貯・簡保機構の債券管理業務

　日本郵政公社が外部委託する債券管理業務について、受託側が約10億円を支払う形で落札していたことが1日、分かった。対象は、10月の郵政民営化後、政府保証付きの定額貯金を引き継ぐ郵便貯金・簡易生命保険管理機構が保有する国債など約130兆円の管理。過去にも1円落札などのケースはあったが、お金を払って業務を引き受ける「マイナス落札」は異例となる。

　郵政公社は8月24日に一般競争入札を実施し、合計3社が応札した。その結果、住友信託銀行などが出資する日本トラスティ・サービス信託銀行がマイナス9億8,000万円で落札した。

　受託側は、日銀から支払われる事務手数料で対象期間の2年で12億〜13億円を手にすることが見込まれる。このため、公社はマイナス入札の場合でも採算性が取れると判断、これを認める条件で入札を実施していた。

　郵政公社の民営化をめぐっては、かんぽ生命保険の資産管理事務を平成17年12月、資産管理サービス信託銀行が1円で落札。

　公正取引委員会が独占禁止法違反の疑いで審査に乗り出したが、違反の事実はないとの結論になり、契約を結んでいる。

（2007/9/1　産経新聞より）

仙台市発注工事における総合評価一般競争入札の手引き

（令和2年3月23日　都市整備局長決裁）

1．はじめに

　公共工事の品質確保を目的に、平成17年4月、公共工事の品質確保の促進に関する法律（以下「品確法」という。）が施行され、また、この法律の基本理念に基づき、公共工事の品質確保の促進に関する施策を総合的に推進するための基本的な方針（以下「基本方針」という。）が、平成17年8月に閣議決定された。

　本市では、品確法及び基本方針に基づき工事の品質確保の促進を図るため、平成21年4月から総合評価方式を本格導入している。その後、平成26年6月に品確法が改正され、公共工事の品質確保と併せて中長期的な担い手の育成及び確保への配慮等発注者の責務が明確化された。また、平成27年1月に同法に基づく「発注関係事務の運用に関する指針」（以下「運用指針」という。）が策定され、発注者は発注関係事務の適切な運用を図ることとされた。

　この「仙台市発注工事における総合評価一般競争入札の手引き」は、「仙台市競争入札実施要綱」平成6年6月6日市長決裁。以下「要綱」という。第31条及び第51条に基づき総合評価一般競争入札の実施に必要な事項を示すものである。

2．総合評価落札方式について

(1)　概　要

　総合評価落札方式は、価格競争型の入札と異なり、入札参加者の技術的能力を審査するための指標とする価格以外の要素（企業の技術力社会性及び地域性等）を評価項目及び評価基準として定め、入札価格と併せて総合的に評価し落札者を決定するものである。

　これにより入札に参加する企業の技術面での競争を促し、工事品質の向上はもとより不良・不適格業者及びダンピング受注の排除、談合防止など公正な取引秩序が確保され、建設業の健全な発達にも資するものである。

247

（中略）

7．落札候補者の審査

(1)　審査の方法

　　総合評価一般競争入札にあたっては、入札後資格確認型（事後審査）を適用する。

(2)　「技術提案等」の取扱い

　　「技術提案等」において、事実と異なる記載があった場合の取扱いは以下のとおりとする。

　　ア　虚偽の記載

　　　・虚偽の記載とは、故意に事実と異なる記載をしたものをいう。

　　　・落札候補者が提出した「技術提案等」において、虚偽の記載があった場合は、当該落札候補者については落札者とすることを不適当とする。

　　イ　虚偽以外の記載（ア以外の事実と異なる記載をした場合）

　　　・「評価値申告書」において落札候補者が有している実績を超える申告が行われた場合は、その評価項目の最低の評価基準における得点をもって再評価を行う。また、落札候補者が有している実績を下回る申告が行われた場合は、落札候補者の記載内容により評価を行う。

　　　・評価項目ア．工事成績評定点の平均点及び評価項目ク．工事成績評定点の最高点において、事実と異なる記載をした場合は、次のとおり、評価を行う。

　　　　①実績を超える得点となる申告の場合は、当該項目の最低の評価基準における得点をもって再評価を行う。

　　　　②実績と同一の得点となる申告の場合は、再評価を行わず落札候補者の記載内容により評価を行う。

　　　　③実績に満たない得点となる申告の場合は、再評価を行わず落札候補者の記載内容により評価を行う。

　　　・評価項目エ．過去1ヶ年における不誠実な行為又は労働災害等において、申告書を提出した日から開札日までの間に本市から指名停止又は事故防止に関する文書指導を受けた場合は、落札候補者となった時に提出された書類によ

り再評価を行う。

(3) 配置予定技術者等に対するヒアリング

　ア　落札候補者から提出された「技術提案等」及び「評価値申告書の内容を証明
　　する技術資料等」の適否を判断するため、必要に応じて配置予定技術者等に対
　　するヒアリングを行う場合がある。

　イ　ヒアリング内容は、概ね次の事項を確認する。

　　・配置予定技術者の経歴、保有資格、同種工事の経験の有無

　　・同種工事の実績として申告した工事の内容、施工上の留意点及び工夫した点

　　・当該工事における施工上の課題又は留意すべき点とその技術的所見について

　　・その他必要事項

(4) 落札者の決定

　落札候補者が提出した提出書類を審査し、評価値が適切である場合には当該工事
の落札者とする。

【資料7】

平成27年度　公共建築室総合評価落札方式実施ガイドライン【骨子】

（大阪府）

1．総合評価落札方式導入の効果及び目的

①技術に優れた建設業者を育成し、品質の確保・向上を図る。

⇒過去の工事成績点及び監理技術者の実績等を評価し、受注に対するインセンティブを付与

②建設業者が保有する技術力を引き出し、環境対策、安全対策等への対応、総合的なコストを縮減する。

2．総合評価落札方式適用の範囲

■建築一式・電気・管工事・土木一式工事において、総合評価落札方式を適用

建築一式工事 ※1		電気・管工事		土木一式工事		入札方式	落札方式
等級	工事金額	等級	工事金額	等級	工事金額		
－	20.2億円以上	－	20.2億円以上	－	20.2億円以上	国際入札	総合評価落札方式対象工事 ※3
AA	20.2億円未満 8億円以上	A	20.2億円未満 2億円以上	AA	20.2億円未満 13.5億円以上	条件付き一般競争入札	低入札価格調査制度
A	15億円未満 6億円以上			A	13.5億円未満 3.5億円以上		
B	6億円未満 1.8億円以上	B	2億円未満 0.5億円以上	B	3.5億円未満 0.9億円以上		最低制限価格制度 ※2
C	1.8億円未満 0.5億円以上	C	0.5億円未満 0.2億円以上	C	0.9億円未満 0.2億円以上		
D	0.5億円未満	D	0.2億円未満	D	0.2億円未満		

※1　府営住宅エレベーター棟増築工事は除く

※2　総合評価落札方式を採用する工事にあっては低入札価格調査制度による

※3　総合評価落札方式対象工事のうち、工事金額12億円以上の建築一式工事の一部で、条件付一般競争入札（実績申告型）を試行します。試行案件は発注予定で公表します。

3．総合評価落札方式のタイプ

□技術審査型

> ・技術提案は求めない
> ・入札参加要件を満たしている者は、基礎点100点を与える

＋

> 評価項目⇒加算点　15点以内
> ・企業の施工能力（工事実績（工事成績点※含む）、ISO、品質確保）
> ・配置予定技術者の能力（資格、工事実績（工事成績点 ※ 含む））

⬇ ※ WTO 適用案件は工事成績点を除く

> 技術評価点：(92) 100〜115点

□技術提案型

> ・技術提案を求める
> ・入札参加要件を満たしている者は、基礎点100点を与える

＋

> 評価項目⇒加算点　〜30点まで
> ・企業の施工能力（工事実績（工事成績点※含む）、ISO）
> ・配置予定技術者の能力（資格、工事実績（工事成績点 ※ 含む））
> ・課題等に対する技術提案

⬇ ※ WTO 適用案件は工事成績点を除く

> 技術評価点：(92) 100〜130点

4．落札予定者の決定方法

・除算方式により総合評価点（評価値）を算出し、総合評価点の一番高いものを
落札予定者とする。

$$\frac{技術評価点【標準点 ＋ 加算点】}{入札金額（円）} ＝ 総合評価点$$

5．実施フロー

・電子入札で実施する。（原則ヒアリングなし）

・総合評価の審査は、住まち部競争入札審査会建築部会にて実施する。

・技術審査・技術提案の結果（技術評価点）は、開札前に総合評価審査会に諮る。

（総合評価審査会から意見を聴く必要があるとの意見があった場合に限る。）

6．適用時期

・平成27年2月20日以降に公告する工事から適用。

【資料8】
東京都設計等業務委託総合評価競争入札実施要綱

（改正平成22年1月4日）

（趣旨）

第1条　この要綱は、東京都が発注する設計、その他これに類する業務（以下「設計等業務」という。）の質を高めることを目的として、設計等業務に係る技術面における提案、企業の技術者の能力に関する提案等（以下「技術提案等」という。）を募集し、価格以外の技術的な要素を考慮して、落札者を決定する方式（以下「総合評価競争入札」という。）により入札を行う場合の手続等の基本的な事項を定めるものとする。

（対象業務）

第2条　総合評価競争入札とする対象業務は、競争入札により委託契約を締結する設計等業務のうち、原則として、以下に該当する場合とする。

⑴　業務の質を高めるために、価格面のほか入札者の提示する技術提案の内容も重視することが有効と認められる業務

⑵　業務の質を高めるために、価格面のほか入札者の有する技術的能力も重視することが有効と認められる業務

⑶　⑴、⑵を併せもった業務

2　業務を主管する局等の長（以下「業務主管局長」という。）は、具体的な実施対象業務を、前項の基準に該当するものの中から、契約担当者等（東京都契約事務規則（昭和39年東京都規則第125号。以下「規則」という。）第7条の「契約担当者等」をいう。以下同じ。）と協議の上、決定するものとする。

（設計等業務委託契約に係る総合評価競争入札の実施要領）

第3条　業務主管局長は、契約担当者等に協議の上、設計等業務委託契約に係る総合評価競争入札の実施要領（以下「実施要領」という。）を定めるものとする。

2　前項の規定により定める実施要領には、次に掲げる事項を記載しなければならない。

(1) 委託件名、履行場所及び業務概要

(2) 技術提案等に関する評価項目並びに評価基準及び評価の配点

(3) 技術提案等の様式

(4) 技術提案等を記した書面の提出方法

(5) 落札者の決定方法

(6) その他必要と認める事項

3 業務主管局長は、第1項の規定により定めた実施要領を、速やかに契約担当者等に送付するものとする。

(技術審査委員会)

第4条 業務主管局長は、総合評価競争入札による技術提案等の審査を行う組織として、技術審査委員会（以下「審査委員会」という。）を設置するものとする。

2 審査委員会は、次の事項を所掌するものとする。

(1) 実施方針の調査、審議

(2) 技術提案等審査基準の策定

(3) 技術提案等の審査

3 審査委員会は、委員長及び委員若干名をもって組織する。

4 審査委員会は、委員長が招集する。

(学識経験を有する者の意見の聴取)

第5条 落札者決定基準を定めようとするとき業務主管局長は、あらかじめ、学識経験を有する2人以上の者から、次の内容について意見を聴取しなければならない。

(1) 試行実施要領及び落札者決定基準を定めるに当たり留意すべき事項

(2) 落札者を決定しようとするとき改めて学識経験を有する者からの意見聴取を行う必要の有無

2 前項において、必要があるとの意見が述べられた場合には、落札者（あらかじめ予定価格の制限の範囲内の価格をもって行われた申込みをした者のうち、価格その他の条件が東京都にとって最も有利な者）を決定しようとするときは、学識経験を有する2人以上の者から、その決定についての意見を聴取しなければなら

ない。

（総合評価競争入札における入札方式等）

第6条　総合評価競争入札は、一般競争入札又は指名競争入札によるものとする。

2　総合評価競争入札を行おうとする場合は、特定調達契約（規則第54条第5号の「特定調達契約」をいう。）でない契約であっても、規則第60条の規定に準じて入札説明書を作成、交付するものとする。

（入札公告又は公表において示す事項）

第7条　総合評価競争入札を行おうとする場合は、入札公告（公示）又は発注予定業務委託の事前公表において、次に掲げる事項について具体的に明示するものとする。

(1)　総合評価競争入札の対象業務であること

(2)　総合評価競争入札とした理由

(3)　当該委託業務に係る資料説明会の日時及び場所（資料説明会を開催する場合）

(4)　資料内容のヒアリングを実施すること（資料内容のヒアリングを実施する場合）

(5)　技術提案等に関する評価項目並びに評価基準及び評価の配点

(6)　(5)の評価項目で必須の記載項目がある場合は、その旨

(7)　総合評価競争入札の方法及び落札者の決定方法

(8)　詳細は入札説明書によること

（入札説明書）

第8条　総合評価競争入札を行おうとする場合は、次に掲げる事項を入札説明書に記載するものとする。

(1)　前条の内容の詳細

(2)　業務内容（検討項目、検討内容等）、業務実施上の条件（主要な技術者の資格条件、現地調査の有無、その他の技術的な留意事項等）及び成果品（図面等の規格、作成資料数等）について、具体的に記述するほか、必要に応じて業務量の目安を判断できる情報を具体的に示すものとする。ただし、上記内容の説明書等への記載については、同様の内容を記載した仕様書の添付をもって替え

ることができる。

(3)　業務の実施にあたって、業務の主たる部分を再委託してはならない旨を明記するものとする。他の設計等業者に該当業務の一部を再委託する場合又は学識経験者等の協力をうける場合には、再委託先又は技術協力先の名称、その理由および業務範囲の記載をしなければならない旨、また、担当技術者に再委託先又は技術協力先の技術者を配置する場合には、担当技術者の氏名、経歴等に加え所属する企業名等を記述することを明記するものとする。

(4)　技術提案等の提出後において原則として技術提案等に記載された内容の変更を認めない旨を明記するものとする。また、技術提案等に記載した予定技術者は原則として変更できない旨及び、極めて特別な理由（病休、死亡、退職等）により予定技術者の変更を行う場合には、発注者了解を得なければならない旨を明記するものとする。

(5)　技術提案等は落札後の当該業務の取組方法等についての提案を求めるものであり、当該業務の成果の一部を求めるものでないこと。

2　第3条第1項の規定により業務主管局長が定める実施要領は、入札説明書の一部を構成するものとして、当該競争入札に参加しようとする者（以下「競争入札参加希望者」という。）に対して、交付しなければならない。

（資料説明会の開催）

第9条　業務主管局長は、必要があると認めるときは、募集手続き期間中の入札公告等であらかじめ定めた日時及び場所により、当該対象業務の資料説明会を開催するものとする。

（指名業者の選定等）

第10条　契約担当者等は、指名競争入札における総合評価競争入札の指名業者の選定に当たっては、当該入札に参加する者に必要な資格を有する者から希望が提出された場合は、原則として希望に応ずるものとする。

（技術提案等の提出）

第11条　総合評価競争入札参加者に対して実施要領により、次に掲げる提案区分により資料を提出させるものとする。

⑴　技術面における提案

具体的な取組方法のテーマ及び書式を明示し、技術提案を書面で提出させるものとする。

⑵　技術者の能力に関する提案

書式を明示し、担当技術者の業務の取組姿勢、業務履行に有効と思われる取得資格・技能又は同種若しくは類似業務経験等を書面で提出させるものとする。

なお、担当技術者が複数の場合には、各担当技術者及び実施する分担業務の内容を明記するとともに、対応する取得資格・技能等を提出させるものとする。

⑶　⑴、⑵を併せた提案を行う場合　各々前2号の規定により提出させるものとする。

2　前項の提出は、入札時に契約担当者に行うものとする。

（技術提案等の審査）

第12条　業務主管局長は、契約担当者から技術提案等の提出を受けたときは、速やかに審査委員会による技術提案等の審査を行うものとする。

2　技術提案等の審査に当たっては、入札説明書等において東京都が示した評価項目及び評価基準によること、入札説明書等に記載していない評価項目及び評価基準による評価をしないものとする。

3　技術提案等の評価は、業務主管局長が、審査委員会の審査に基づいて決定するものとする。

（資料のヒアリング）

第13条　業務主管局長は、必要があると認めるときは、当該資料内容のヒアリングを実施することができるものとする。

なお、ヒアリングの対象者は原則として、配置予定主任技術者又は担当技術者とする。

（技術提案等の結果の通知）

第14条　業務主管局長は、技術提案等の評価の結果を、速やかに契約担当者等に送付するものとする。

2　技術提案等の評価の結果は、契約担当者等が行う入札書開札と同時に、当該技

　術提案等を提出した者に、原則として書面で通知するものとする。

（総合評価の方法及び落札者の決定）

第15条　次の各要件に該当する者のうち、入札公告又は発注予定業務の事前公表
　　（これらに係る入札説明書を含む。以下同じ。）において示す総合評価の方法及
　　び落札者の決定方法によって得られた技術点と価格点の合計点が、最も高い者を
　　落札者とする。

　⑴　入札価格が、予定価格の制限の範囲内であること。

　⑵　落札者の決定方法で必須の評価項目を示した場合、その評価項目を全て満た
　　していること。

2　前項の合計点の最も高い者が2者以上あるときは、該当者にくじを引かせて落
　　札者を決める。

【資料9】
指名競争入札参加者指名基準の設定について（北海道日高町）

（平成18年3月1日町長通達）

　標記の件に関し、日高町財務規則（平成18年規則第45号）第131条の規定に基づき、別紙のとおり「指名競争入札参加者指名基準」を定めたので、次の事項に留意の上、その取扱いについて遺憾のないようにしてください。

記

指名競争入札参加者指名基準

第1（共通的基準）

　指名競争入札に参加するものは、次に掲げる共通的基準たる要件を満たしていなければならないとともに、指名に当たっては契約の適正な履行の確保を図ることができる範囲内において地場産業者の育成に努めなければならない。

1　経営内容等

　指名しようとする時点において、著しい経営状況の悪化並びに資産及び信用度の低下の事実がなく、かつ、契約の履行がされないこととなるおそれがない者であること。

2　法的適性

　契約の性質又は目的により当該契約の履行について、法令に基づく許可、認可、免許、登録等を必要とするものにあっては、当該許可、認可、免許、登録等を受けている者であること。

3　技術的適性

　契約の性質又は目的により当該契約の履行について、特殊な技術、機械器具又は設備を必要とするものにあっては、当該特殊な技術、機械器具又は設備を保有する者であること。

4　経営規模的適性

　指名しようとする時点において、未履行契約残高（現に履行中のものを含む。）と当該指名競争入札に係る予定契約残高とを総合して経営規模に余裕があると認め

られる者であること。

第2　（事業別基準）

　指名競争入札に参加する者は、工事の請負契約、物品の購入契約又は林産物の売払契約ごとの次に掲げる事業別基準を満たしていなければならない。

1　工事の請負

　工事（一般土木工事、舗装工事、鋼橋上部工事、建築工事、電気工事、管工事、農業土木工事、水産土木工事及び森林土木工事に限る。以下同じ。）の請負契約に係る指名競争入札に参加する者は、当該指名競争入札に付そうとする工事の予定価格に対応する等級に格付された者であること。ただし、指名競争入札に付そうとする工事が、次に掲げる場合に該当するときは、この限りでない。

⑴　特殊な専門的施工技術を要する場合

⑵　高度な施工技術を要する場合

⑶　全体計画の一部である場合

⑷　特定の施工機械、設備又は船舶の保有を要する場合

⑸　維持修繕又は解体の場合

⑹　前各号により難い理由により特例を要する場合

2　物品の購入

⑴　精密性、性能の保持等の必要があると認められる特殊な物品の購入契約に係る指名競争入札に参加する者は、当該指名競争入札に付そうとする物品の供給について経験又は実績を有する者であること。

⑵　銘柄を指定する必要があると認められる物品の購入契約に係る指名競争入札に参加する者は、当該指名競争入札に付そうとする銘柄の物品を供給することができる者であること。

⑶　国等の検定、基準、標準規格等に合格した物品の購入契約に係る指名競争入札に参加する者は、当該指名競争入札に付そうとする物品を供給することができる者であること。

3　林産物の売払い

⑴　パルプ、ベニヤ、製材等の用材又は適材を含む林産物の売買契約に係る指名競

争入札に参加する者は、当該指名競争入札に付そうとする林産物の種類に応じ、それぞれの業態に属している者であること。

⑵　特定の地域内の者に売り払う必要がある場合における林産物の売払契約に係る指名競争入札に参加する者は、当該特定地域内で営業している者であること。

⑶　残存立木の保護等に関し特殊な技術を必要とする林産物の売払契約に係る指名競争入札に参加する者は、当該指名競争入札に付そうとする林産物の種類に応じ、その技術を有している者であること。

第3　(選定基準)

1　基本的な考え方

指名競争入札に参加する者の選定は、特定の者に偏しないように、常に公正かつ公平を旨としなければならない。

2　選定の基準

指名競争入札に参加する者の選定は、次に掲げる基準を取捨選択し、これを行わなければならない。

なお、⑸の機会均等は、競争入札に参加する者の指名同数の単純な平準化を図るものではないことから、他の基準による選定を十分考慮した上で、選択するものでなければならない。

⑴　受注意欲

公表された発注に関する情報等に基づき、指名競争入札に付そうとする契約について、受注意欲がある旨の意思表示をしている者であること。

⑵　履行経験

指名競争入札に付そうとする契約と同種で、かつ、おおむね同規模又はそれ以上の町との契約の履行経験を有している者であること。

⑶　履行成績

指名競争入札に付そうとする契約と同種で、かつ、おおむね同規模又はそれ以上の町との契約における履行の成績が、優秀であると認められる者であること。

⑷　営業地域

履行期限、履行場所、アフターサービス等の契約の内容により、一定地域内の

者を対象として競争に付することが合理的であると認められるものにあっては、当該一定地域内で営業している者であること。

(5)　機会均等

同程度の契約能力を有すると認められる同業他者が複数存在する場合で、これらの者と比較して一定期間における指名回数が少ないと認められる者であること。

(6)　個別事由

前各号に掲げるもののほか、指名競争入札に付そうとする契約の内容に応じ、個別の必要と認められる基準に該当する者であること。

第4　（指名実績のない者の選定基準）

指名競争入札に参加する者の選定に当たり、当該指名競争入札に付そうとする契約について、受注意欲があって履行能力の有無の確認の結果、これを有すると認められる指名実績のない者があるときは、競争性を促進する観点から、契約の適正な履行の確保を図ることができる範囲内において、当該指名実績のない者を選定しなければならない。

【資料10】
石川県制限付き一般競争入札実施要領

（趣旨）
第１条　この要領は、土木部が発注する建設工事の請負契約について、地方自治法
　　施行令（昭和22年政令第16号。以下「施行令」という。）第167条の５の２の規定
　　により、入札に参加する者に必要な資格を定めて行う制限付き一般競争入札（以
　　下「一般競争入札」という。）を実施するに当たり、必要な事項を定めるものと
　　する。

（定義）
第２条　この要領において、次の各号に掲げる用語の定義は、当該各号に定めると
　　ころによる。
　⑴　入札前審査型　一般競争入札に参加するための入札参加資格審査を入札前に
　　　行い、入札参加資格が有ると認めた者による入札の結果に基づき、落札者とし
　　　て決定する一般競争入札をいう。
　⑵　入札後審査型　一般競争入札に参加するための入札参加資格審査を開札後に
　　　行い、落札候補者から順に入札参加資格の有無を確認し、入札参加資格が有る
　　　と認めた者を落札者として決定する一般競争入札をいう。
　⑶　落札候補者　総合評価方式により落札者を決定する工事にあっては、総合評
　　　価値が最も高い者を、総合評価方式によらず価格のみにより落札者を決定する
　　　工事にあっては、予定価格（入札書比較価格）の制限の範囲内で最低制限価格
　　　（最低制限価格基礎額）以上の価格をもって入札した者のうち、最低の価格で
　　　入札した者をいう。

（対象工事）
第３条　一般競争入札を実施する建設工事（以下「対象工事」という。）は、原則
　　として、予定価格（消費税及び地方消費税額を含む。以下、この条において同じ。）
　　が３千万円以上の工事（災害の応急対策工事等、特別な理由のあるものを除く。）
　　とする。

2　前項の規定にかかわらず、災害復旧に係る対象工事については、当面の間、予定価格が1億円以上の工事とする。

（入札の方法）

第4条　一般競争入札は、原則として、石川県電子入札システム（以下「電子入札システム」という。）により行うものとする。なお、第11条に規定する承諾を得た場合には、従来の紙による入札（以下、「紙入札」という。）により行うことができる。

（入札に参加する者に必要な条件）

第5条　執行機関の長は、建設工事の競争入札参加資格を有する者について、対象工事の内容に応じて、次の各号のうち必要と認める事項を、入札に参加する者に必要な条件として定めるものとする。

⑴　建設業許可における主たる営業所等の所在地

⑵　請負業者有資格者名簿における総合点数

⑶　対象工事種別に係る経営事項審査の年間平均完成工事高

⑷　配置予定技術者に係る事項

⑸　施工実績に係る事項

⑹　施工計画に係る事項

⑺　その他特に必要と認める事項

2　次の各号のいずれかに該当する者は、入札に参加することができないものとする。

⑴　施行令第167条の4の規定に該当する者

⑵　対象工事の入札参加資格確認申請書（以下「申請書」という。）の提出期限の翌日から入札の日までの間に石川県の指名停止措置を受けている者

⑶　対象工事に係る設計業務等の受託者又は当該受託者と資本若しくは人事面において関連がある者

⑷　入札に参加しようとする者の間に資本関係又は人的関係がある場合

⑸　会社更生法（平成14年法律第154号）に基づき更正手続開始の申立てがなされている者又は民事再生法（平成11年法律第225号）に基づき再生手続開始の

申立てがなされている者（手続開始後、石川県が別に定める手続きに基づき一般競争入札参加資格の再認定を受けたものは除く。）

⑹　役員（役員として登記又は届出されていないが、事実上経営に参画している者を含む。）が、暴力団員による不当な行為の防止等に関する法律（平成3年）法律第77号）第2条第6項に規定する暴力団員又は暴力団員関係者（暴力団の構成員及び暴力団に協力し、又は関与する等、これと交わりを持つ者をいう。）と認められる者

（入札参加条件等の審議）

第6条　執行機関の長は、本庁及び各出先機関に設置している入札審査委員会（以下「審査委員会」という。）に次の事項について審議を行わせるものとする。

⑴　入札に参加する者に必要な資格及び条件

⑵　特定建設工事共同企業体（以下「共同企業体」という。）に発注することの適否及び発注しようとするときの構成員数

⑶　入札参加資格確認申請書の入札参加資格の有無及びその資格がないと認めた者からの請求に関する対応

⑷　その他特に必要と認める事項

（入札の公告）

第7条　執行機関の長は、施行令第167条の6及び石川県財務規則（昭和38年石川県規則第67号）第112条の規定により、入札に参加する者に必要な者の資格及び条件、入札の場所及び日時その他入札について必要な事項を公告するものとする。

2　前項の公告は、石川県のホームページ内にある入札情報サービスシステム及び所定の閲覧場所に、掲示して行うものとする。

（入札に参加する者に必要な資格及び条件の確認申請）

第8条　対象工事に参加する者（以下、「申請者」という。）は、提出期限までに、電子入札システムにより申請書及び入札参加資格確認資料（以下、「資料」という。）（様式第2号）を執行機関の長に提出しなければならない。

2　前項に規定する場合において、申請者のうち紙入札を行う者については、入札

参加資格確認申請書（様式第1号）及び資料を書面で提出するものとする。

3　前2項の申請書及び資料を提出する際には、次の各号に掲げるもののうち必要な書類を、提出期限までに、原則として郵送で執行機関の長に提出するものとする。

　(1)　特定建設工事共同企業体入札参加資格申請書及び特定建設工事共同企業体協定書（甲）

　(2)　同種又は類似工事の施工実績が確認できる請負契約書等の写し

　(3)　配置予定技術者等の資格及び工事経験が確認できる書類（主任（監理）技術者の資格及び免許書等並びに監理技術者にあっては国土交通大臣の登録を受けた講習の修了証明書、現場代理人及び主任（監理）技術者等選任届、コリンズカルテ等）の写し

　(4)　その他特に必要と認める書類

4　前項の書類が郵送された場合においては、その郵便物の通信日付印により表示された日を提出日とみなす。

5　第1項から第3項までの書類は、申請者に返却しないものとする。

（入札参加資格の有無の確認等）

第9条　入札参加資格の有無の確認は、次の各号に掲げるとおりとする。

　(1)　入札前審査型

　　ア　執行機関の長は、提出された申請書及び資料に基づき、入札参加資格確認申請者一覧表（様式第3号）（以下「申請者一覧表」という。）を作成し、執行機関の審査委員会に提出する。

　　イ　審査委員会は、提出された申請者一覧表に基づいて、入札参加資格の有無を確認し、決定するものとする。

　　ウ　イの確認は、申請書の提出期限の末日をもって行う。

　　エ　イの決定をしたときは、電子入札システムにより申請者へ通知するものとする。なお、申請者のうち紙入札を行う者への通知は、入札参加資格確認申請受理通知書（様式第4号）により行う。

　(2)　入札後審査型

　　ア　執行機関の長は、申請書及び資料の提出期限日の翌日以後速やかに、受付

票を電子入札システムにより申請者へ通知する。なお、申請者のうち紙入札
を行う者への通知は、入札参加資格確認申請受理通知書（様式第4号）によ
り行う。

イ　審査委員会は、落札候補者の入札参加資格の有無を確認し、決定する。た
だし、その落札候補者に入札参加資格が無いと認められた場合においては、
次順位者を繰り上げて落札候補者とし、入札参加資格の有無を確認し、決定
するものとする。

ウ　イの確認は、開札後、落札者決定予定日までに行うものとする。

エ　イの決定をしたときは、電子入札システムにより申請者に落札者の決定を
通知するものとする。なお、申請者のうち紙入札を行う者への通知は、口頭
その他適切な方法により行う。

（無資格者に対する理由説明）
第10条　前条第1号エ又は第2号エに規定する通知により、入札参加資格が無いと
決定された者は、執行機関の長に対し、通知があった日から7日以内に書面を
もって決定理由の説明を求めることができるものとする。

2　執行機関の長は、前項の規定による説明を求められたときは、入札参加資格確
認等説明書（様式第5号）により回答するものとする。

（紙入札方式承諾願の提出）
第11条　やむを得ない理由により、当初から紙入札を行う場合又は入札手続中に電
子入札から紙入札へ移行する場合においては、紙入札方式承諾願（石川県電子入
札運用基準様式1）を入札書提出締切日の午後5時までに提出し、執行機関の長
の承諾を得るものとする。

（共同企業体に対して発注する場合の取扱い）
第12条　知事は、対象工事を共同企業体に対して発注することの適否及び共同企業
体に発注するときの構成員数を、審査委員会の意見を聴いて決定するものとする。

2　共同企業体の結成は、入札参加者が自主的に結成する自主結成方式によるもの
とする。

3　入札参加資格については、構成員及び共同企業体それぞれについて定めるものとする。

4　第8条第1項の申請書は、結成された共同企業体の代表者又は当該代表者から委任された者が電子入札システムにより提出するものとする。ただし、申請者のうち紙入札を行う者については、書面により提出するものとする。

5　対象工事の一の共同企業体の構成員は、同工事の他の共同企業体の構成員を兼ねることはできないものとする。

（設計書等の閲覧、貸出し及び質問）

第13条　執行機関の長は、第7条の公告をした日の翌日から開札日の前日まで、当該工事の設計図書等を閲覧に供しなければならない。

2　前項の設計図書等の閲覧は、インターネットにより行うものとする。ただし、やむを得ない理由により、設計図書等をインターネットに掲示できない場合は、所定の閲覧場所において閲覧に供するものとし、入札参加資格を有する者から書面による申請があった場合は、入札公告を行った日の翌日から貸し出すものとする。

3　設計図書等に関する質問は、簡易な事項に関するものを除き、書面により、執行機関の長に対して提出するものとする。

4　執行機関の長は、原則として、質問書を受理した日から5日以内に、書面により回答するものとし、その写しは閲覧に供するものとする。

（入札の執行）

第14条　その入札に関して必要な事項は、石川県電子入札システム運用基準及び土木部競争入札心得（昭和51年10月1日付け監発第321号）を適用するものとする。

（その他）

第15条　この要領に定めるもののほか、必要な事項は、土木部所管建設工事執行規程（昭和51年12月27日付け監発第405号）を適用する。

【資料11】
大阪府随意契約ガイドライン

（平成23年4月1日施行）

　大阪府財務規則（昭和55年大阪府規則第48号。以下「規則」という。）及び大阪府財務規則の運用（昭和55年4月1日審第1号、財第14号。以下「運用」という。）に規定する随意契約のガイドラインを次のとおり定める。

1　趣旨・目的

　本ガイドラインは、建設工事、物品・委託役務関係業務及び測量・建設コンサルタント等業務に係る随意契約の事務を適正かつ円滑に進めるため、運用第62条関係に規定する随意契約に係る事項の解釈を示すとともに、事務手続上必要な事項を定めるものである。

　各発注機関が、地方自治法（昭和22年法律第67号。以下「法」という。）及び地方自治法施行令（昭和22年政令第16号。以下「令」という。）並びに規則等に基づき個々の契約方式については、一般競争入札を原則として選択すべきものであるが、例外的に随意契約を選択することとした場合は、契約事務の公平性及び透明性を保持し、経済性の確保を図る観点から、個々の契約ごとに技術の特殊性、経済的合理性、緊急性等を客観的、総合的に判断した理由及び経緯を整理しなければならない。

　なお、「政府調達に関する協定」の対象となる契約（特定調達契約、いわゆるWTO案件）については、地方公共団体の物品等又は特定役務の調達手段の特例を定める政令（平成7年政令第372号。）に基づく手続きが必要であり、随意契約ができる要件についても特定調達契約以外の契約に比べ限定されているので注意が必要である。（別に定める「特定調達契約ガイド」を参照のこと。）

2　対　象

本ガイドラインの対象は、次のとおりとする。

⑴　建設工事（建設業法（昭和24年法律第100号）第2条第1項に規定する建設工事をいう。）

⑵　物品・委託役務関係業務（物品の購入契約、車両等の修理契約、委託契約、請負契約（建設工事を除く。）及び賃貸借契約をいう。）

⑶　測量・建設コンサルタント等業務（測量、地質調査、建築設計・監理、設備設計・監理、建設コンサルタント及び補償コンサルタント業務をいう。）

［注釈］

随意契約は、一般競争入札を原則とする契約方式の例外方式である。

しかしながら、一般競争入札によって契約を締結することが公共の目的に反したり、事業の能率的な運営を阻害すると認められるような場合や、一般競争入札によることが不利益な場合、客観的に困難であると認められるような場合までも、一般競争入札によらせることは適当でないので、指名競争入札や随意契約の方式を採用できるものとしている。

随意契約は、単に相手方の選定方法についての特例を定めたものにすぎないのであって、不利な条件（割高な価格）による契約の締結までを許容したものではない。有利な価格によって契約を締結すべきだということは、競争入札であろうと随意契約であろうとすべての契約方式を通じて適用される不変の大原則である。

＊地方財政法（昭和23年法律第109号）第4条第1項、地方自治法第2条第14項

（以下略）

【資料12】
尼崎市インターネット公有財産売却　ガイドライン

第1　公有財産売却の参加条件など

1　公有財産売却の参加条件

　以下の各号に該当する方は、公有財産売却へ参加することができません。

⑴　一般競争入札に係る物品に関する事務に従事する尼崎市職員

⑵　一般競争入札に係る契約を締結する能力を有しない者及び破産者で復権を得ない者

⑶　一般競争入札に参加しようとする者が次の各号のいずれかに該当すると認められるときは、その者について3年以内の期間を定めて一般競争入札に参加させないことができる。その者を代理人、支配人その他の使用人又は入札代理人として使用する者についても、また同様とする。

　　ア　尼崎市との契約の履行に当たり、故意に工事若しくは製造を粗雑にし、又は物件の品質若しくは数量に関して不正の行為をしたとき

　　イ　尼崎市が実施した競争入札又はせり売りにおいて、その公正な執行を妨げたとき又は公正な価格の成立を害し、若しくは不正の利益を得るために連合したとき

　　ウ　落札者が尼崎市との契約を締結すること又は契約者が尼崎市との契約を履行することを妨げたとき

　　エ　尼崎市が実施した地方自治法（昭和22年法律第67号）第234条の2第1項の規定による監督又は検査の実施に当たり尼崎市の職員の職務の執行を妨げたとき

　　オ　正当な理由なく尼崎市との契約を履行しなかったとき

　　カ　この項（この号を除く）の規定により一般競争入札に参加できないこととされている者を尼崎市との契約の締結又は履行に当たり代理人、支配人その他の使用人として使用したとき

⑷　尼崎市暴力団排除条例（平成25年尼崎市条例第13号）第7条第1項に規定す

る暴力団等である者

(5)　日本語を完全に理解できない者

(6)　尼崎市が定める本ガイドライン及び Yahoo! オークションに関連する規約・ガイドラインの内容を承諾せず、遵守できない者

(7)　公有財産の買受について一定の資格、その他の条件を必要とする場合でこれらの資格等を有していない者

2　公有財産売却の参加に当たっての注意事項

(1)　公有財産売却は、地方自治法等の規定にのっとって尼崎市が執行する一般競争入札の手続きの一部です。

(2)　売払代金の残金の納付期限までにその代金を正当な理由なく納付しない落札者は、地方自治法施行令第167条の4第2項第5号に該当するとみなされ、一定期間内尼崎市の実施する一般競争入札に参加できなくなることがあります。

(3)　公有財産売却に参加される方は入札保証金を納付してください。

(4)　公有財産売却に参加される方は、あらかじめインターネット公有財産売却システム（以下「売却システム」といいます）上の公有財産売却の物件詳細画面や尼崎市において閲覧に供されている一般競争入札の公告等を確認した上で公有財産売却に参加してください。また、入札前に尼崎市が実施する売却物件公開等において、購入希望の財産を確認してください。

(5)　売却システムは、ヤフー株式会社の提供する売却システムを採用しています。公有財産売却の参加者は、売却システムの画面上で公有財産売却の参加申し込みなど一連の手続きを行ってください。

　ア　参加仮申し込み

　　売却システムの売却物件詳細画面より公有財産売却の参加仮申し込みを行ってください。

　イ　参加申し込み（本申し込み）

　　売却システムの売却物件詳細画面より参加仮申し込みを行った後、尼崎市において参加仮申し込みの審査を行った上で、参加申し込みを受理しますので、参加申込書の提出は不要です。

　　なお、尼崎市において審査するため、公的機関発行の証（免許証等）の写し（法人の場合、登記事項証明書等の写し）等の書類提出を要求することがありますので、要求があれば当該書類を提出してください。要求したにも関わらず、当該書類の提出がない場合は、参加申し込みを取り消します。

⑹　入札保証金の納付方法は、「クレジットカードによる納付」のみとなっています。

⑺　公有財産売却においては、特定の物件（売却区分）の売却が中止になること、若しくは公有財産売却の全体が中止になることがあります。

⑻　代理人による手続き（本人以外の者が本人のために入札等の手続きをすることをいいます）をする場合、代理人は、本人からの委任状を参加申し込み期間内に尼崎市に提出してください。なお、委任状は、尼崎市ホームページから印刷した様式を使用してください。

3　公有財産売却の財産の権利移転等についての注意事項

⑴　落札後、契約を締結した時点で、落札者に公有財産売却の財産にかかる危険負担が移転します。したがって、契約締結後に発生した財産の破損、焼失等尼崎市の責に帰すことのできない損害の負担は、落札者が負うこととなり、売払代金の減額を請求することはできません。

⑵　落札者が売払代金の残金を納付した時点で、所有権は落札者に移転します。

⑶　NOx・PM対策地域内に使用の本拠を置くことができない財産（自動車）があります。自動車NOx・PM法及び条例などの法令により、使用規制があるので、事前に関係機関にご確認ください。

4　個人情報の取り扱いについて

公有財産売却に参加される方は、以下のすべてに同意するものとします。

⑴　公有財産売却の参加申し込みを行う際に、住民登録等のされている住所、氏名等（参加者が法人の場合は、登記事項証明書又はこれに相当するものに登記されている所在地、名称、代表者氏名）を公有財産売却の参加者情報として登録すること。

⑵　入札者の公有財産売却の参加者情報及びYahoo! JAPAN IDに登録されてい

るメールアドレスを尼崎市に開示され、かつ尼崎市がこれらの情報を尼崎市文書規程に基づき、5年間保管すること。尼崎市から公有財産売却の参加者に対し、Yahoo! JAPAN ID で認証されているメールアドレスに、公有財産売却の財産に関するお知らせ等を電子メールにて送信することがあります。

⑶　落札者に決定された公有財産売却の参加者の Yahoo! JAPAN ID を売却システム上において一定期間公開されること。

⑷　尼崎市は収集した個人情報を地方自治法第167条の4第2項に定める一般競争入札の参加者の資格審査のための措置等を行うことを目的として利用します。

第2　公有財産売却の参加申し込みおよび入札保証金の納付について

　入札するには、公有財産売却の参加申し込みと入札保証金の納付が必要です。公有財産売却の参加申し込みと入札保証金の納付が確認できた Yahoo! JAPAN ID でのみ入札できます。

1　公有財産売却の参加申し込みについて

　売却システムの画面上で、住民登録などのされている住所、氏名など（参加者が法人の場合は、登記事項証明書又はこれに相当するものに登記されている所在地、名称、代表者氏名）を公有財産売却の参加者情報として登録してください。法人で公有財産売却の参加申し込みする場合は、法人名で Yahoo! JAPAN ID を取得する必要があります。

2　入札保証金の納付について

⑴　入札保証金とは

　地方自治法施行令第167条の7で定められている入札する前に納付しなければならない金額です。入札保証金は、尼崎市が売却区分（公有財産売却の財産の出品区分）ごとに予定価格（最低落札価格）の100分の10以上の金額を定めます。

⑵　入札保証金の納付方法

　入札保証金の納付は、売却区分ごとに必要です。入札保証金の納付は、クレジットカードによる納付のみです。

ア　入札保証金には利息を付しません。

イ　原則として、入札開始２開庁日前までに尼崎市が入札保証金の納付を確認
　　できない場合、入札することができません。

ウ　クレジットカードによる納付

　　　クレジットカードで入札保証金を納付する場合は、売却システムの売却物
　　件詳細画面より公有財産売却の参加仮申し込みを行い、入札保証金を所定の
　　手続きに従って、クレジットカードにて納付してください。クレジットカー
　　ドにより入札保証金を納付する公有財産売却の参加申込者は、ヤフー株式会
　　社に対し、クレジットカードによる入札保証金納付及び返還事務に関する代
　　理権を付与し、クレジットカードによる請求処理を株式会社ネットラストに
　　委託することを承諾します。公有財産売却の参加申込者は、公有財産売却が
　　終了し、入札保証金の返還が終了するまでこの承諾を取り消せないことに同
　　意するものとします。また、公有財産売却の参加申込者は、ヤフー株式会社
　　が入札保証金取扱事務に必要な範囲で、公有財産売却の参加申込者の個人情
　　報を株式会社ネットラストに開示することに同意するものとします。

エ　VISA、マスターカード、JCB、ダイナースカード、アメリカンエキスプ
　　レスカードの各クレジットカードを利用できます。（各クレジットカードで
　　もごく一部利用できないクレジットカードがあります）

オ　法人で公有財産売却に参加する場合、法人名で取得した Yahoo! JAPAN
　　ID で公有財産売却の参加申し込みを行いますが、当該法人の代表者名義の
　　クレジットカードをご使用ください。

(3)　入札保証金の没収

　　　公有財産売却の参加申込者が納付した入札保証金は、落札者が契約締結期限
　　までに尼崎市の定める契約を締結しない場合は没収し、返還しません。

(4)　入札保証金の契約保証金への充当

　　　公有財産売却の参加申込者が納付した入札保証金は、落札者が契約を締結し
　　た場合、申請書に基づき、地方自治法施行令第167条の16に定める契約保証金
　　に全額充当します。

第3　入札形式で行う公有財産売却の手続き

本章における入札とは、売却システム上で入札価格を登録することをいいます。
この登録は、一度しか行うことができません。

1　公有財産売却への入札

（1）　入札

入札保証金の納付が完了したYahoo! JAPAN IDでのみ、入札が可能です。
入札は一度のみ可能です。一度行った入札は、入札者の都合による取り消しや
変更はできませんので、ご注意ください。

（2）　入札をなかったものとする取り扱い

尼崎市は、地方自治法施行令第167条の4第1項等に規定する一般競争入札
に参加できない要件に該当する者が行った入札について、当該入札を取り消
し、なかったものとして取り扱うことがあります。

2　落札者の決定

（1）　落札者の決定

入札期間終了後、尼崎市は開札を行い、売却区分（公有財産売却の財産の出
品区分）ごとに、売却システム上の入札において、入札価格が予定価格（最低
落札価格）以上でかつ最高価格である入札者を落札者として決定します。ただ
し、最高価格での入札者が複数存在する場合は、くじ（自動抽選）で落札者を
決定します。

なお、落札者の決定に当たっては、落札者のYahoo! JAPAN IDを落札者の
氏名（名称）とみなします。

ア　落札者の告知

落札者のYahoo! JAPAN IDと落札価格については、売却システム上に一
定期間公開します。

イ　尼崎市から落札者への連絡

落札者には、尼崎市から入札終了後、あらかじめYahoo! JAPAN IDで認
証されたメールアドレスに、落札者として決定された旨の電子メールを送信
します。尼崎市が落札者に送信した電子メールが、落札者によるメールアド

レスの変更やプロバイダの不調等の理由により到着しないために、執行機関が落札者による売払代金の残金の納付を売払代金の残金納付期限までに確認できない場合、その原因が落札者の責に帰すべきものであるか否かを問わず、契約保証金を没収し、返還しません。当該電子メールに表示されている整理番号は、尼崎市に連絡する際や尼崎市に書類を提出する際等に必要となります。

(2) 落札者決定の取り消し

　入札金額の入力間違い等の場合、落札者の決定が取り消されることがあります。この場合、売却物件の所有権は落札者に移転しません。また、納付された入札保証金は原則返還しません。

3　売却の決定

(1) 落札者に対する売却の決定

　尼崎市は、落札後、落札者に対し電子メール等により契約締結に関する案内を行い、落札者と契約を交わします。契約の際には尼崎市より契約書を送付しますので、落札者は必要事項を記入・押印の上、次の書類を添付して尼崎市に直接持参又は郵送してください。

　ア　必要な書類

　　公的機関発行の証（免許証等）の写し（法人の場合、登記事項証明書等の写し）

　イ　売払代金

　　落札価格は税込みとします。

　　自動車については、落札価格に自動車リサイクル料金を加算した額を売払代金とします。

　ウ　落札者が契約を締結しなかった場合

　　落札者が契約締結期限までに契約を締結しなかった場合、落札者が納付した入札保証金は返還しません。

(2) 売却の決定の取り消し

　落札者が契約締結期限までに契約しなかったとき及び落札者が公有財産売却

の参加仮申込みの時点で20歳未満の者等公有財産売却に参加できない者の場合に、売却の決定が取り消されます。この場合、公有財産売却の財産の所有権は落札者に移転しません。また、納付された入札保証金は返還されません。

4　売払代金の残金の納付

(1)　売払代金の残金の金額

売払代金の残金は、売却の決定金額から事前に納付した契約保証金（契約保証金に充当した入札保証金）を差し引いた金額となります。

(2)　売払代金の残金納付期限について

落札者は、売払代金の残金納付期限までに尼崎市が納付を確認できるよう売払代金の残金を一括で納付してください。売払代金の残金が納付された時点で、公有財産売却の財産の所有権が落札者に移転します。売払代金の残金納付期限までに売払代金の残金全額の納付が確認できない場合、事前に納付された契約保証金を没収し、返還しません。

(3)　売払代金の残金の納付方法

売払代金の残金は次の方法で納付してください。なお、売払代金の残金の納付にかかる費用は、落札者の負担となります。また、売払代金の残金納付期限までに尼崎市が納付を確認できることが必要です。

ア　尼崎市が用意する納付書による納付

5　入札保証金の返還

(1)　落札者以外への入札保証金の返還

落札者以外の納付した入札保証金は、入札終了後全額返還します。

なお、公有財産売却の参加申し込みを行ったものの入札を行わない場合にも、入札保証金の返還は入札終了後となります。

(2)　入札保証金の返還の方法及び返還に要する期間（クレジットカードによる納付の場合）

株式会社ネットラストは、クレジットカードにより納付された入札保証金を返還する場合、クレジットカードからの入札保証金の引き落としを行いません。ただし、公有財産売却の参加者等のクレジットカードの引き落としの時期

等の関係上、いったん実際に入札保証金の引き落としを行い、翌月以降に返還を行う場合がありますので、ご了承ください。

第4　公有財産売却の財産の権利移転および引き渡しについて

　公有財産は、売払代金の残金納付を確認後、尼崎市から落札者に以下の条件で引き渡されます。

　なお、公有財産の引き渡しは、原則として尼崎市指定場所で直接引き渡しにて行います。

1　公有財産の引き渡し

⑴　公有財産の引き渡しは、売払代金の残金納付時の現状有姿で行います。

⑵　一度引き渡された財産は、いかなる理由があっても返品、交換はできません。

2　自動車・原動機付自転車の登録等手続きについて

　道路運送車両法に基づく登録又は地方税法及び市町村の条例に基づく申告は、落札者の責任において行ってください。

　なお、道路運送車両法第33条第1項に規定する譲渡証明書又は原動機付自転車廃車申告受付済書は、引き渡し時に交付します。

3　公有財産の引き渡し及び登録等に伴う費用について

　公有財産の引き渡し及び登録等に伴う費用は、全て落札者の負担となります。

4　注意事項

⑴　落札後、契約を締結した時点で、落札者に公有財産売却の財産にかかる危険負担は落札者に移転します。したがって、契約締結後に発生した財産の破損、消失等尼崎市の責に帰すことのできない損害の負担は、落札者が負うことになり、売払代金の減額を請求することはできません。

　なお、売払代金の残金を納付した時点で所有権は落札者に移転します。

⑵　代理人が財産の引き渡しを受ける場合は、尼崎市に書面による委任状を提出することが必要です。

第5　注意事項

1　売却システムに不具合等が生じた場合の対応

（1）公有財産売却の参加申し込み期間中

　　売却システムに不具合等が生じたために、以下の状態となった場合は公有財産売却の手続きを中止することがあります。

　ア　公有財産売却の参加申し込み受付が開始されない場合

　イ　公有財産売却の参加申し込み受付ができない状態が相当期間継続した場合

　ウ　公有財産売却の参加申し込み受付が入札開始までに終了しない場合

　エ　公有財産売却の参加申し込み受付終了時間後になされた公有財産売却の参加申し込みを取り消すことができない場合

（2）入札期間中

　　売却システムに不具合等が生じたために、以下の状態となった場合は公有財産売却の手続きを中止することがあります。

　ア　入札の受付が開始されない場合

　イ　入札できない状態が相当期間継続した場合

　ウ　入札の受付が入札期間終了時刻に終了しない場合

（3）入札期間終了後

　　売却システムに不具合等が生じたために、以下の状態となった場合は公有財産売却の手続きを中止することがあります。

　ア　一般競争入札形式において入札期間終了後相当期間経過後も開札ができない場合

　イ　くじ（自動抽選）が必要な場合でくじ（自動抽選）が適正に行えない場合

2　公有財産売却の中止

　　公有財産売却の参加申し込み開始後に公有財産売却を中止することがあります。公有財産売却の財産の公開中であっても、やむを得ない事情により、公有財産売却を中止することがあります。

（1）特定の公有財産売却の特定の売却区分（売却財産の出品区分）の中止時の入札保証金の返還

　　特定の公有財産売却の物件の公有財産売却が中止となった場合、当該公有財産売却の物件について納付された入札保証金は中止後返還します。

　　なお、参加者等のクレジットカードの引き落としの時期等の関係上、いったん実際に入札保証金の引き落としを行い、翌月以降に返還を行う場合がありますので、ご了承ください。

⑵　公有財産売却の中止時の入札保証金の返還

　　公有財産売却の全体が中止となった場合、入札保証金は中止後返還します。なお、参加者等のクレジットカードの引き落としの時期等の関係上、いったん実際に入札保証金の引き落としを行い、翌月以降に返還を行う場合がありますので、ご了承ください。

3　公有財産売却の参加を希望する者、公有財産売却の参加申込者及び入札者等（以下「入札者等」といいます）に損害等が発生した場合

⑴　公有財産売却が中止になったことにより、入札者等に損害が発生した場合、尼崎市は損害の種類・程度にかかわらず責任を負いません。

⑵　売却システムの不具合等により、入札者等に損害が発生した場合、尼崎市は損害の種類・程度にかかわらず責任を負いません。

⑶　入札者等の使用する機器及び公有財産売却の参加者等の使用するネットワーク等の不備、不調その他の理由により、公有財産売却の参加申し込み又は入札に参加できない事態が生じた場合においても、尼崎市は代替手段を提供せず、それに起因して生じた損害について責任を負いません。

⑷　公有財産売却に参加したことに起因して、入札者等が使用する機器及びネットワーク等に不備、不調等が生じたことにより入札者等に損害が発生した場合、尼崎市は損害の種類・程度にかかわらず責任を負いません。

⑸　公有財産売却の参加者等が入札保証金を自己名義（法人の場合は当該法人代表者名義）のクレジットカードで納付する場合で、クレジットカード決済システムの不備により、入札保証金の納付ができず公有財産売却の参加申し込みができない等の事態が発生したとき、それに起因して入札者等に生じた損害について、尼崎市は損害の種類・程度にかかわらず責任を負いません。

⑹　公有財産売却の参加者等の発信若しくは受信するデータが不正アクセス及び改変等を受け、公有財産売却の参加続行が不可能となる等の被害を受けた場合、その被害の種類・程度にかかわらず、尼崎市は責任を負いません。

⑺　公有財産売却の参加者等が、自身のYahoo! JAPAN ID及びパスワード等を紛失若しくは、Yahoo! JAPAN ID及びパスワード等が第三者に漏えいする等して被害を受けた場合、その被害の種類・程度にかかわらず尼崎市は責任を負いません。

4　公有財産売却の参加申し込み期間及び入札期間

公有財産売却の参加申し込み期間及び入札期間は、売却システム上の公有財産売却の物件詳細画面上に示された期間となります。ただし、システムメンテナンス等の期間を除きます。

5　リンクの制限等

尼崎市が売却システム上に情報を掲載しているウェブページへのリンクについては、尼崎市物件一覧のページ以外のページへの直接のリンクはできません。また、売却システム上において、尼崎市が公開している情報（文章、写真、図面等）について、尼崎市に無断で転載・転用することは一切できません。

インターネット公有財産売却における個人情報について

行政機関がヤフー株式会社の提供する官公庁オークションシステムを利用して行うインターネット公有財産売却における個人情報の収集主体は行政機関になります。

クレジットカードで入札保証金を納付する場合

クレジットカードにより入札保証金を納付する参加者およびその代理人（以下、「参加者など」という）は、ヤフー株式会社に対し、クレジットカードによる入札保証金納付および返還事務に関する代理権を付与し、クレジットカードによる請求処理を株式会社ネットラストに委託することを承諾します。参加者などは、公有財産売却手続きが終了し、入札保証金の返還が終了するまでこの承諾を取り消せないことに同意するものとします。また、参加者などは、ヤフー株式会社が入札保証金

取り扱い事務に必要な範囲で、参加者などの個人情報を株式会社ネットラストに開
示することに同意するものとします。

著者略歴

江原　勲（えばら　いさお）

　昭和39年中央大学法学部卒業後、東京都庁入庁。総務局法務部主査・課長補佐・法務専門副参事を経て局務担当課長。通算22年間訟務事務を担当。平成13年退職後、主に都道府県及び市町村職員を対象に多数の講演・研修を精力的に行う。平成17年より市町村アカデミー客員教授（平成23年まで）。現在、自治体法務研究所代表。

　主な編著書に「新版　起案例文集　第2次改訂版」（ぎょうせい、平成30年）、「自治体　公有財産管理の実務」（学陽書房、平成26年）、「新地方税務争訟ハンドブック」（ぎょうせい、平成24年）がある。

詳説 自治体契約の実務 改正民法対応版

令和2年9月7日　第1刷発行
令和5年6月6日　第5刷発行

著　者　　江　原　　勲

発　行　　株式会社 ぎょうせい

〒136-8575　東京都江東区新木場1-18-11
URL：https://gyosei.jp

フリーコール　0120-953-431

ぎょうせい　お問い合わせ 検索 https://gyosei.jp/inquiry/

〈検印省略〉

印刷　ぎょうせいデジタル㈱　　　　　　　　　©2020　Printed in Japan
※乱丁・落丁本はお取り替えいたします。

ISBN978-4-324-10879-6
(5108640-00-000)
〔略号：自治体契約(改)〕

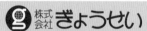

ひな型に頼らず、契約書作成の考え方が身に付く！

菊間弁護士と学ぶ！

契約のキホンのキホン

弁護士
菊間千乃【著】

テレビコメンテーターとしても活躍し、「わかりやすく伝える」経験が豊富な弁護士が本質を解説！

A5判・定価1,980円（税込）
電子版 価格1,980円（税込）

※電子版は **ぎょうせいオンラインショップ** [検索] からご注文ください。

編著者紹介

●**菊間千乃**（きくま　ゆきの）

弁護士（第二東京弁護士会・弁護士法人松尾綜合法律事務所）。早稲田大学法学部卒業後、株式会社フジテレビジョンに入社。その後、弁護士を志し、法科大学院に入学。司法修習生を経て、2011年12月に弁護士登録。
主な業務分野として、紛争解決（各種訴訟・非訟・保全事件）、企業法務（労働、ガバナンス、危機管理、不祥事対応）、エンターテインメント、家事、刑事（少年事件含）など。

※肩書きは発刊時のものです。

目　次

株式会社 **ぎょうせい**

〒136-8575　東京都江東区新木場1-18-11

フリーコール
TEL：0120-953-431 ［平日9～17時］ **FAX：0120-953-495**

https://shop.gyosei.jp ｜ぎょうせいオンラインショップ｜ [検索]